Untersuchung und Vergleich verschiedener Beschaffungswege im Sortimentsbuchhandel

Verena Seeholzer

Untersuchung und Vergleich verschiedener Beschaffungswege im Sortimentsbuchhandel

Bibliografische Information Der Deutschen Bibliothek:
Die Deutsche Bibliothek verzeichnet diese Publikation in der Deutschen
Nationalbibliografie; detaillierte bibliografische Daten sind im Internet über
http://dnb.ddb.de abrufbar.

Herausgegeben von eBuch e.G. und Libri GmbH

eBuch e.G.   Libri GmbH
O´Brien Straße 3   Friedensallee 273
D - 91126 Schwabach   D - 22763 Hamburg
Tel.: 091 22 / 93 86-17   Tel.: 040 / 853 98-0
eMail: info@ebuch.net   eMail: libri@libri.de

Zgl. Diplomarbeit, vorgelegt am 21.03.2005 bei Prof. Dr. Georg Jäger / Ludwig-
Maximilians-Universität München, Institut für Deutsche Philologie, Buchwissenschaft

Herstellung und Verlag: Books on Demand GmbH, Norderstedt

ISBN 3-8334-3444-9

Inhalt

Was kann das Leben von BuchhändlerInnen verändern?

Ein neuer Laden, ein neuer Bestseller?

Wenn mir jemand vor gut einem Jahr prophezeit hätte, dass das Zentrallager ANABEL der eBuch e.G. mein buchhändlerisches Leben verändern würde, wäre ich skeptisch gewesen. In der Tat war ich von der Idee überzeugt, aber nicht auf die Auswirkungen gefasst.

Wer hätte gedacht, dass man tatsächlich nach spätestens einer Stunde den gesamten Wareneingang eines Tages fertig hat. Und dann NICHTS mehr zu tun hat, außer: KundInnen bedienen und: beraten, dekorieren, Aktionen planen, mal einen Tag frei haben ... und lesen! Kurz: Genussvoll Bücher verkaufen.

Eigentlich sollte das doch schon immer so gewesen sein, das war doch unsere ursprüngliche Vorstellung vom BuchhändlerInnendasein ... jetzt ist es Realität.

Wir plagen uns nicht mehr mit Riesensendungen, die immer dann – und zwar alle auf einmal – kommen, wenn gerade ein Mitarbeiter im Urlaub und der Rest der Belegschaft krank ist. Wir ärgern uns nicht über Reklamationen wegen falscher Lieferungen, falscher Rabatte, falschem Lieferweg, fehlendem Skonto, falscher oder fehlender Bücher.

Oder über den Berg Papiermüll, Unverlangtsendungen und vieles mehr. Meine Buchhaltung übernimmt mittlerweile Arbeiten von anderen Betrieben und lastet sich so besser aus, weil ja alle einzelnen Verlagsrechnungen dank ANABEL entfallen. Wir benötigen keinen Kommittendendienst mehr und weniger Barsortimente; allein das spart erhebliche Kosten ein. Und das Schönste ist: Unser neuer Lieblingslieferant ANABEL gehört – uns selbst! Uns, den BuchhändlerInnen der eBuch-Genossenschaft!

Durch ANABEL haben alle (!) meine MitarbeiterInnen volle Einkaufsbefugnis, da das System so simpel ist, dass nichts schief gehen kann. Sie verkaufen mehr, da ihre

Lieblingsbücher immer da sind. Sie haben bessere Kenntnisse des aktuellen Lagers, da kleine, tägliche, überschaubare Lieferungen einfach besser zu merken sind.

Eigentlich spart ANABEL auch Personalkosten, denn wir brauchen jetzt weniger MitarbeiterInnen für die tägliche Routinearbeit und das bei höheren Umsätzen, besserer Handelsspanne und immer liquidem Konto.

Damit sie nicht arbeitslos werden, haben meine MitarbeiterInnen beschlossen, mehr von meinen Aufgaben zu übernehmen: Lesungen, Aktionen, Kunden- und Firmenansprache. Der Betrieb sprudelt nur so vor neuen Ideen.

Denn jetzt haben wir endlich Zeit zum DENKEN!
Und die Chefin? ... hat jetzt Zeit für andere Dinge.
Wie sonst hätte ich Zeit gefunden, dieses Grußwort zu schreiben!

Sara Willwerth   Brigitta Lange
(eBuch e.G., Vorstand)   (eBuch e.G., Vorstand)

Das Barsortiment als Zentrallager

Libri als Partner für mehr Wirtschaftlichkeit

Im Jahr 2003 kam die eBuch Genossenschaft unter dem Vorsitz von Herrn Borsche und Herrn Thurn mit dem Wunsch nach einer Komplettlösung für den effizienten Bezug aller Bücher aus einer Hand für kleinere, mittelständische Buchhandlungen auf uns zu.

Mit dieser Idee trafen sie in unserem Unternehmen auf mehr als offene Ohren. Zum richtigen Zeitpunkt die richtigen Bücher in der richtigen Menge beim richtigen Buchhändler abzuliefern ist die Kernaufgabe eines Barsortiments und Buchgroßhändlers.

Libri bemüht sich seit jeher neue Dienstleistungen für den Buchhandel zu entwickeln, die zur Rationalisierung der betrieblichen Abläufe beitragen.

In der festen Überzeugung, das just in time Belieferung und Bündelungsfunktion wesentlich zum wirtschaftlichen Erfolg einer Buchhandlung beitragen, haben wir von Beginn an in unserem, im Jahr 2000 eröffneten Logistikzentrum Bad Hersfeld eine Zentrallager-Logistik integriert: Großhandel und Lagerung von Bestsellern auf eigene Rechnung!

Das kombinierte Bezugsmodell Zentrallager und Barsortiment in einer Lieferung und aus einer Hand garantiert regional agierenden modernen Buchhändlern ebenso wie nationalen Filialisten durch optimierte Lieferzeiten immer frische Lagerbestände, eine geringe Kapitalbindung und hohe Kapitalverzinsung.

Das ist in einer Zeit, in der einzelne Buchtitel oft nur wenige Tage aktuell sind, wesentliche Voraussetzung zur maximalen Ausschöpfung des Umsatzpotentials.

Gleichzeitig sind die Rationalisierungseffekte, die ein gebündelter Bezug ermöglicht, wichtiger denn je, da Kostensteigerungen nicht mehr selbstverständlich durch Umsatzzuwächse kompensiert werden können.

Mit dem Bezugsmodell ANABEL unterstützt eBuch die Wettbewerbsfähigkeit der angeschlossenen Buchhandlungen. Auch Libri hat ein vitales Interesse an einer individuellen Buchhandelslandschaft – und nicht nur aus kulturpolitischen Erwägungen. Als Großhändler leben wir von einem breiten vielfältigen Titelangebot **und** einer hoffentlich breiten und vielfältigen Kundenstruktur.

Der ökonomische Vorteil von ANABEL liegt mit dieser Diplomarbeit schwarz auf weiß vor, ein erfreuliches Ergebnis einer starken Partnerschaft. Als Logistikpartner der eBuch wünschen wir den Genossinnen und Genossen viel Erfolg für die Zukunft.

Dr. Markus Conrad
(Libri GmbH)

Gutachten

Anfang letzten Jahres wurden wir, d.h. die eBuch e.G., von Frau Seeholzer kontaktiert. Die Anregung dazu kam aus der Buchhandlung LeseLust, bei der Frau Seeholzer ein Praktikum machte. Frau Kamm, eine der beiden Geschäftsführerinnen der LeseLust, war der Meinung, eine Diplomarbeit böte doch eine prächtige Gelegenheit unser geplantes Projekt ANABEL – ein neues Bezugsmodell im Sortimentsbuchhandel – genau zu untersuchen und mit herkömmlichen Bezugsmodellen im Buchhandel zu vergleichen.

Bei einem Treffen in München konnte ich mit Frau Seeholzer das genauere Thema und Ziel der Arbeit besprechen. Für die eBuch war klar, dass ANABEL – die Buchhandlung bezieht dabei praktisch alle verkaufte Ware über unser Zentrallager, etikettiert und mit elektronischem Lieferschein versehen in Mehrwegwannen – auf jeden Fall zu einer Verbesserung der ökonomischen Situation kleiner Buchhandlungen führen würde, da alle Kalkulationen eine Rohertragssteigerung um mindestens 2–3 Prozentpunkte (also um knapp ein Zehntel) voraussagten – zu Recht, wie wir inzwischen wissen.

Völlig unklar waren hingegen weiche Faktoren, wie etwa eine Arbeitsersparnis im Backoffice (Wareneingang, Rechnungskontrolle, Remissionen). Hier gab es weder Erfahrungswerte noch hätte man das vorab kalkulieren können: Das musste zunächst einmal penibel mit der Stoppuhr in der Hand erfasst und dann ausgewertet und verglichen werden. Um die Vergleichbarkeit zu gewährleisten, sollten die zu vergleichenden Buchhandlungen auch über dasselbe Warenwirtschaftssystem verfügen.

Frau Seeholzer hat alle zum Vergleich notwendigen Datenerhebungsarbeiten nach unserer Kenntnis in den Buchhandlungen mit äußerster Sorgfalt und großem zeitlichem Engagement ausgeführt. Die in den diversen Tabellen zusammengetragenen Daten geben beredt davon Auskunft.

Sie hat ebenso auf alle Faktoren hingewiesen, die die gewonnenen Ergebnisse vergleichbar machen, respesktive die manches Mal auch einen Vergleich nicht direkt zulassen, wie etwa in puncto Altpapierentsorgung.

Aus unserer Sicht ist die Arbeit ohne Fehl und Tadel, und die gewonnenen Ergebnisse decken sich völlig mit den Erfahrungen, von denen uns unsere ANABEL-Buchhändler berichten.

Wir freuen uns sehr – dass wir neben den in Euro und Cent ausweisbaren ökonomischen Vorteilen beim Einkauf – unseren Mitgliedsbuchhandlungen jetzt ebenso klar belegbare Vorteile in Organisationsabläufen anbieten können. Denn immerhin dürften – das ergibt sich, wenn man Frau Seeholzers Zahlen hochrechnet und den Aufwand in der reinen Buchhaltung abschätzt – diese Vorteile nochmals im Bereich von 1–2 Prozent des Jahresumsatzes liegen. Mit einem so günstigen Ergebnis konnten und durften wir nicht rechnen, freuen uns aber jetzt umso mehr, dass es sich mit wissenschaftlicher Akribie ermittelt auch wirklich belegen lässt.

Diese Diplomarbeit wird, das kann man jetzt schon sagen, in der Branche eine weit reichende Diskussion um die Konkurrenz unterschiedlicher Bezugswege auslösen, denn so genau wie hier wurde dies noch nie untersucht.

Wir bedanken uns sehr herzlich bei Herrn Professor Jäger, TU München, der diese Arbeit ermöglicht hat!

Herby Thurn   Lorenz Borsche
(Generalbevollmächtigte der eBuch e.G.)

12

Ergebnisdarstellung der Arbeit

Das Ziel der vorliegenden Arbeit besteht darin herauszufinden, welche der beiden angewandten Methoden, eine Buchhandlung zu führen, rentabler beziehungsweise effektiver ist.

Als wesentliches Ergebnis lässt sich – wie man vor allem in Kapitel 8.5 erkennen kann – festhalten, dass die an ANABEL angebundene Buchhandlung deutlich Kosten sparender arbeitet als die Buchhandlung mit traditioneller Arbeitsweise. Es sind jedoch nicht nur die Kosteneinsparungen aussagekräftig, sondern auch die Zeitersparnisse, die eine ANABEL-Buchhandlung gegenüber einer „normalen" Buchhandlung aufweist. Wenn man die Zeiten vergleicht, die man für die in dieser Arbeit untersuchten Vorgänge benötigt, stellt man fest, dass ein Mitarbeiter von Bücher-Thurn sowohl für Kundenberatung als auch für alle weiteren anfallenden Tätigkeiten in der Buchhandlung etwas über sieben Stunden Zeit hat. Dahingegen hat ein Buchhändler der LeseLust nur sechs Stunden für die weiteren Arbeiten und die Kundenbetreuung Zeit. Jetzt sind in dieser Arbeit nur die Bereiche des Wareneingangs, des Rechnungsaufwandes, der Altpapierentsorgung und der Remission untersucht. Die Einsparungen, die bei der Bestellabwicklung entstehen können, wurden außer Acht gelassen. Würde man diesen Bereich mit einbeziehen, sollten sich weitere Zeiteinsparungen aufzeigen lassen.

Weiterhin werden in dieser Diplomarbeit die klassische Arbeitsweise einer Buchhandlung, und im speziellen die Arbeitsmethoden der beiden analysierten Buchhandlungen vorgestellt. Dabei stellt man fest, dass die so genannten „Anabelisten" eine effizientere Arbeitsweise haben als die Mitarbeiter der Buchhandlung mit herkömmlichem Bezugsweg. Wobei positiv anzumerken ist, dass die Buchhandlung LeseLust eine sehr rationalisierte Verfahrensweise – zum Beispiel verwenden sie das Warenwirtschaftssystem Tango äußerst effektiv – in ihrem Buchhandelsalltag besitzt.

Allerdings ist zu beachten, dass der Vergleich, der in dieser Arbeit vollzogen wurde, nicht durchgehend repräsentativ ist. Dies liegt daran, dass die beiden Buchhandlungen durch ihre Größe und ihre unterschiedlichen Umsätze Differenzen in Arbeitsweise und im Bestellverhalten aufweisen.

Die Anlaufphase von ANABEL verläuft gut, wenn man sich die ersten betriebs-wirtschaftlichen Analysen der Anabelisten vom Jahr 2004 ansieht: die Roherträge haben sich von 30 Prozent auf 34 Prozent erhöht. Das sind 4 Prozent mehr, denen keine zusätzlichen Ausgaben entgegenstehen.[1]

Dennoch gibt es noch Handlungsbedarf. Zum einen ist dies das Thema der Verlagsvertreter. Die Beziehung zwischen diesen und den Anabelisten ist problema-tisch, da für Vertreter ein Buchhandelsbesuch sehr zeitintensiv ist, und für sie die sofortigen Profite ausbleiben. Denn die Vertreter können die Aufträge der Buch-händler bei den Anabelisten nicht direkt entgegennehmen, sondern erhalten erst später ihre Provision. Und das auch nur dann, wenn die Verlage Mitglieder bei ANABEL sind. Zum anderen ist der Punkt des Werbematerials noch nicht geklärt. Üblicherweise kann man direkt von den Verlagen Material für Marketingaktionen beziehen, da aber durch ANABEL der Kontakt zu den Vertretern schwierig ist, fällt diese Möglichkeit meistens weg. Hierfür muss noch eine adäquate Lösung gefunden werden.

Trotz dieser Probleme muss hervorgehoben werden, dass die letzten Vergleiche zeigen, dass die Titelvielfalt in einer ANABEL-Buchhandlung größer ist als in einer „normalen" eBuch-Mitgliedsbuchhandlung.

„Im vierten Quartal 2004 hat die Gesamtheit der eBuchhändler ein Mengenminus von über 5% gegenüber 2003 hinnehmen müssen, während die Anabelisten bei der Menge um 1,1% zugelegt haben. Bei der Titelvielfalt hat der eBuchhändler ebenfalls ein Minus, nämlich 0,8%, hinnehmen müssen. Die Anabelisten haben in diesem Bereich noch mehr zugelegt als bei der Menge, nämlich um 1,6%. Dies bedeutet, dass der Anabelist mehr unterschiedliche Bücher verkauft hat."[2]

Diese höhere Titelvielfalt, die durch ANABEL vorherrscht, ist sicherlich im Sinne eines jeden Buchhändlers. Es zeigt auch, dass der Sortimenter nicht gezwungen

---

[1] Vgl. Vortrag von Lorenz Borsche am 18.02.2005 in Dresden beim Arbeitskreis kleiner Verleger über die eBuch und ANABEL. Siehe Anhang S. XVII–XXVIII.

[2] Vortrag von Lorenz Borsche am 18.02.2005 in Dresden beim Arbeitskreis kleiner Verleger über die eBuch und ANABEL. Siehe Anhang S. XVII–XXVIII.

wird, die Titel des Zentrallagers abzunehmen, sondern dass er über seine Ware immer noch selbst bestimmen kann. Obwohl diese Entwicklung sehr positiv ist, bleibt doch der wesentliche Punkt für den Buchhändler die Kosteneinsparungen durch die Teilnahme an ANABEL.

Somit kann abschließend festgestellt werden, dass die Einkaufsgemeinschaft der eBuch durchaus ein großes Potenzial aufweist und ihr Ziel, 100 ANABEL-Buchhandlungen in diesem Jahr zu akquirieren, im Bereich des Möglichen liegt.

1   Einleitung

In der Buchbranche ist ein neuer Trend zu verzeichnen. Der anhaltende Konzentrationsprozess und die momentane diffizile wirtschaftliche Lage machen es kleinen und mittelständischen Sortimenten schwer, sich in der Unternehmenswelt zu behaupten. Die Genossenschaften profitieren davon, daher nehmen die Mitgliederzahlen von Einkaufsgemeinschaften oder anderen Verbundgruppen zu.[3] Die Idee des genossenschaftlichen Zusammenschlusses ist aber bei weitem keine neue, sondern sie hat in der Buchhandelsgeschichte eine lange Tradition. 1831 gibt es einen ersten Plan, eine genossenschaftliche Kommissionsanstalt in Leipzig zu gründen, da die damaligen Kommissionsspesen zu hoch erschienen, und der Kommissionsbuchhandel insgesamt ausgeschaltet werden sollte. Diese kam allerdings aus Kostengründen nicht zustande.

1863 wird der Verein deutscher Sortimenter ins Leben gerufen, der erste Vorläufer der Einkaufsgenossenschaften. Zu seinen Zielen gehört die Errichtung eines „Vereinsgeschäftes", um die Mitglieder an den Partiebezügen teilnehmen zu lassen.[4]

Heute gehören das Schweizer Buchzentrum und die LG Buch (Leistungs-Gemeinschaft Buchhandel) zu den erfolgreichen Genossenschaften. Das Schweizer Buchzentrum ist eine Mischung aus Verlagsauslieferung und Barsortiment, an dem sowohl Buchhändler als auch Verlage beteiligt sind. Diese Mischung erzeugt Synergieeffekte und Konditionsspielräume, die zusammen mit einem qualifizierten Management den Erfolg des Schweizer Buchzentrums ausmachen.

Die LG Buch ist eine Genossenschaft für kleinere und mittlere Buchhandlungen. Das Angebot für ihre Mitglieder besteht aus gemeinschaftlichem Einkauf, Fort- und Weiterbildung, Erfahrungsaustausch bis hin zur gemeinsamen Zukunftsbewältigung.[5]

---

[3]   R. Meyer-Arlt: Netzwerker sparen. In: Börsenblatt 2-2003. S. 20.

[4]   T. Bez: Genossenschaft: Flop oder Chance? Teil I. In: BuchMarkt Januar 1999. S. 105–106.

[5]   T. Bez: Genossenschaft: Flop oder Chance? Teil III. In: BuchMarkt. März 1999. S. 60–61.

Einer der neueren Zusammenschlüsse am Markt wurde von der Genossenschaft eBuch hervorgerufen. Ein elektronisches Warenwirtschaftssystem oder zumindest das Vorhaben eines einzuführen, sind die Bedingungen für die Mitgliedschaft. Die Leistungen dieses Verbundes reichen von einer Dispositionshilfe durch die Bereitstellung tagesaktueller Wirtschaftsdaten der Mitgliedsbuchhandlungen, über ein eigenes Callcenter bis hin zu einem gemeinschaftlichen Einkauf. Diese Logistik, genannt ANABEL[6], ist die neueste Errungenschaft der eBuch und wird den Mitgliedern seit Juni 2004 angeboten.[7]

Die Hauptaufgabe der vorliegenden Arbeit besteht darin, einen Vergleich zwischen zwei Buchhandlungen vorzunehmen, wobei die eine an ANABEL angeschlossen ist, die andere hingegen den herkömmlichen Bezugsweg nutzt, um herauszufinden, welche Methode für den Buchhändler die wirtschaftlichere ist.

Die an ANABEL angeschlossene Buchhandlung Bücher-Thurn befindet sich in Mindelheim und ist seit dem Markteintritt ANABELs dort Kunde. Herby Thurn, der Inhaber dieser Buchhandlung und zugleich einer der beiden Geschäftsführer von eBuch, stellt sein Sortiment für den Untersuchungszeitraum vom 14.10.2004 bis 25.10.2004 zur Verfügung.

Die Buchhandlung LeseLust, die den herkömmlichen Bezugsweg nützt, ermöglicht es, dass ihr Sortiment vom 05.11.2004 bis zum 25.11.2004 untersucht wird. Die beiden Inhaberinnen dieser Buchhandlung, Marianne Kamm und Bettina Herrmann-Wilden, ebenfalls eBuch-Mitglieder, sind bis jetzt noch skeptisch in Bezug auf die Einkaufsgemeinschaft ANABEL. Allerdings zeigen sich beide sehr interessiert an dem Ergebnis dieser Arbeit und stellen deshalb ihr Unternehmen zur Verfügung.

Die Buchhandlungen werden in dem Analysezeitraum während des ganzen Tagesgeschäftes beobachtet, angefangen mit dem Wareneingang bis hin zu Remissionen und zur Altpapierentsorgung.

Das Procedere war Folgendes:

Die Arbeitszeiten verschiedener Mitarbeiter der jeweiligen Buchhandlung wurden während des Wareneingangs gestoppt. Anschließend wurden die Zeiten notiert

---

[6] Automatische Nachführ- und Bestelllogistik.
[7] R. Meyer-Alt: Netzwerker sparen. In: Börsenblatt. 2-2003. S. 23.

und auf der Basis der Lohnkosten miteinander verglichen. Dieses Vorgehen wurde ebenfalls bei den Remissionen, der Altpapierentsorgung und der Rechnungsabwicklung angewendet.

Dieses Procedere bedingt den Aufbau dieser Arbeit, der folgendermaßen aussieht:

Zuerst werden die Zwischenbuchhändler, mit denen die untersuchten Buchhandlungen arbeiten, vorgestellt. Im Anschluss daran sollen die beiden Sortimente genauer charakterisiert werden.

Durch die Beschreibung der klassischen buchhändlerischen Arbeitsweise zeigt man die Abweichungen oder Übereinstimmungen der analysierten Unternehmen auf, damit deren unterschiedliche Arbeitsabläufe deutlich werden.

Der Vergleich der Buchhandlungen anhand von Zahlen ist der entscheidende Teil dieser Arbeit. Aus den Ergebnissen der gestoppten Zeiten wird das arithmetische Mittel, der Durchschnittswert, berechnet und auf Basis der Personalkosten dann in Bezug zueinander gesetzt, um eine begründete Aussage zur Wirtschaftlichkeit der Bezugssysteme treffen zu können.

Das Ziel dieser Diplomarbeit besteht darin, faktisch begründet darzulegen, ob ANABEL im Vergleich zum herkömmlichen Bezugsweg zu Kosteneinsparungen führt und den durchaus noch bestehenden Handlungsbedarf aufzudecken.

2 Vorstellung der Zwischenbuchhändler

2.1 Libri

2.1.1 Geschichte Libris

Im Alter von 34 Jahren übernimmt Georg Lingenbrink mit seiner Frau Fanny am 1. September 1928 eine kleine Buchhandlung, die Grossobuchhandlung Franz Nohr in Hamburg. Die Firma, genannt Libri, eine Abkürzung aus dem Nachnamen, hat zu diesem Zeitpunkt lediglich lokalen Charakter. „Immer schnell, immer zuverlässig, gestern bestellte Bücher heute ausliefern."[8] Dies ist der Leitsatz, der schon damals für Georg Lingenbrink galt und auch heute noch gleichermaßen Anwendung findet.

Als die Volksausgabe, ein billiges in Massen produziertes Buch, aufkommt, zählt man in Deutschland fast sechs Millionen Arbeitslose, und Bücher werden zunehmend zu Luxusgütern, da das Geld kaum zum Leben reicht. Georg Lingenbrink sieht damals seine Chance für den Buchhandel. Er kauft die Volksausgaben in großen Mengen ein, hat jedoch zunächst Absatzschwierigkeiten, lässt sich aber nicht beirren und geht selbst mit einem Koffer bepackt auf Vertretertour. Und das zeigt Wirkung: dank seiner Überzeugungskraft treffen bald die Bestellungen per Post ein. Nun ist Libri unter den fünf Hamburger Grossisten schon bald der bedeutendste, und das Arbeitspensum ist allein durch Familienmitglieder nicht mehr zu bewältigen. Zur damaligen Zeit sind die Bücher im Libri-Lager in alphabetischer Reihenfolge primär nach Verlagen, dann nach Autoren geordnet, so dass sie für jeden Mitarbeiter schnell zu finden sind. Als die Titelanzahl nach und nach wächst, erscheint 1935 der erste Libri-Katalog gültig für das Jahr 1936. Schon damals erkennt Georg Lingenbrink, dass ein Katalog über die reine Nachschlagefunktion und die Abbildung seines Warenangebots hinaus auch ein interessantes Werbe- und Verkaufsförderungsmittel darstellt.[9]

---

[8] Das Buch über Libri. 75 Jahre Bücher bewegen. Hrsg. I. Heuer, Dr. M. Conrad. 2003. S. 20.

[9] Das Buch über Libri. 75 Jahre Bücher bewegen. 2003. S. 20–25.

1936 beschäftigt Libri bereits 30 Mitarbeiter, und ein Umzug in ein Lager mit einer Kapazität von 800 qm wird nötig.

> „Erstmalig liefert Libri im Herbst- und Weihnachtsgeschäft 1936 auch über die Stadtgrenzen hinaus und entwickelt sich bis Ende der 30er Jahre zu einem Zwischenbuchhändler von regionaler Bedeutung mit über 60 Mitarbeitern."[10]

Der Kriegsausbruch am 1. September 1939 markiert vorläufig ein Ende des steten Aufwärtstrends des Buchgeschäfts. Am 24. Juli 1943 werden das Lager und die Geschäftsräume bei einem Bombenangriff vollständig zerstört. Georg Lingenbrink kehrt unmittelbar nach Kriegsende nach Hamburg zurück, während seine Söhne Charles und Kurt in Rastatt am 1. Januar 1946 einen neuen Betrieb gründen. 23 der badischen Verlage bedienen sich der Lingenbrink-Auslieferung, sehr schnell steigt die Zahl der Mitarbeiter auf 120, und insgesamt werden nunmehr 4.000 Buchhandlungen regelmäßig beliefert. 1949 erreicht das Barsortiment als Kerngeschäft einen Bestand von circa 18.000 Lagertiteln, die im Katalog von 1949 auf 436 Seiten dokumentiert werden.[11]

Libri beginnt 1953 als erstes Barsortiment mit der Auslieferung durch eigene Fahrzeuge, dem Bücherwagendienst. Dies ist etwas Außergewöhnliches für die Branche, die bis dahin nur die Belieferung per Fahrrad, Reichsbahn und per Post kennt. Aus dem Bücherwagendienst entwickelt sich der Büchersammelverkehr, der die Tätigkeiten des Sortimenter-Kommissionärs ausführt und großes Rationalisierungspotenzial aufzeigt.

> „Der Libri-Dienst holt die Buchhändler-Bestellungen bei den Verlagen ab, kombiniert diese mit den Barsortiments-Bestellungen und liefert beide an den Buchhändler aus. Das Barsortiment beliefert zu diesem Zeitpunkt etwa 3000 feste Kunden und steht in Geschäftsbeziehungen zu rund 2500 Verlagen."[12]

---

[10] Das Buch über Libri. 75 Jahre Bücher bewegen. 2003. S. 27.
[11] Das Buch über Libri. 75 Jahre Bücher bewegen. 2003. S. 27–35.
[12] Das Buch über Libri. 75 Jahre Bücher bewegen. 2003. S. 46.

Es wird wieder Zeit für ein neues Lager mit einer Kapazität von 3.000 qm und Platz für eine Novitätenschau im ersten Stock des Gebäudes. Inzwischen beliefert Libri ganz Norddeutschland mit rund 1.500 Paketen pro Tag.

Nach dem Tod Georg Lingenbrinks am 4. März 1962 übernehmen seine Söhne das Unternehmen. Sie setzen die Expansionspolitik des Vaters fort und eröffnen eine Niederlassung in Frankfurt am Main. Dort beginnt auch Anfang der 70er Jahre das Zeitalter der EDV. Im ersten Schritt können die Dienstleistungen der Verlagsauslieferungen in den Bereichen Fakturierung, Buchhaltung und Datendienst ausgeweitet und attraktiver gestaltet werden. Die gelagerten Titel werden nicht mehr numerisch oder alphabetisch geordnet, sondern ihnen werden EDV-gesteuert freie Lagerplätze zugewiesen.[13]

Die Dienstleistungen für die Verlage sollen das zweite Standbein von Libri werden, wobei viele Verlage die Innovation der Barsortimente als Konkurrenz und nicht als Verbesserung der Buchdistribution empfinden. Die Priorität bei Lingenbrink liegt dennoch immer beim Barsortiment. So erreicht Libri im Bereich der Verlagsauslieferung nie eine ähnlich dominante Position und gibt diesen Geschäftsbereich im Jahr 2002 mit dem Verkauf der Libri Distributions GmbH an die VVA von Bertelsmann auf.

1976 gehen die Innovationen bei Libri weiter: Elektronische Bestellterminals werden eingeführt (Libri-TBA = Telefonisches Bestell- und Abrufsystem). Hiermit will man die herkömmlichen Bestellwege per Bestellkarte oder Bücherzettel, die entweder dem Fahrer mitgegeben oder per Post verschickt werden, ablösen. Dieses Programm wird stetig fortentwickelt, bis 1987 ein PC-Programm auf den Markt kommt, das über die Ermittlung der Bestellungen hinaus Auskunft über Lieferfähigkeit und tagesaktuelle bibliografische Daten ermöglicht.[14]

Eine weitere Neuerung im Jahr 1987 besteht darin, dass Libri die Zentrallagerfunktion für die Buchhandlung Hugendubel übernimmt und somit beweist, dass der Zwischenbuchhandel nicht nur Rationalisierungspotenzial für die kleineren und mittleren Sortimente aufweist.

---

[13] Das Buch über Libri. 75 Jahre Bücher bewegen. 2003. S. 54–66.
[14] Das Buch über Libri. 75 Jahre Bücher bewegen. 2003. S. 66–73.

„In Verbindung mit der regalfertigen Belieferung in Mehrwegbehältern, der vollständigen Auszeichnung mit Barcode-Etiketten und der Einführung elektronischer Lieferscheine werden dem Buchhändler ganz neue Rationalisierungsansätze im Wareneingang und in der Bestellabwicklung ermöglicht."[15]

Nachdem Libri Ende der 90er Jahre abermals gezwungen ist sich weiter auszudehnen, wird eine folgenreiche Entscheidung getroffen: Man entscheidet sich für die Zusammenfassung aller operativen Prozesse an einem zentralen Standort. Nach einer Bauzeit von fast zwei Jahren entsteht in Bad Hersfeld, der logistischen Mitte Deutschlands, das weltweit modernste Distributionszentrum für kleinteilige Güter.

Mit diesem Schachzug schafft sich Libri auch die Voraussetzungen, die in Zukunft ständig wachsenden Anforderungen auf dem Buchmarkt bewältigen zu können.[16]

2.1.2 Libri heute

Libri umfasst heute eine Reihe von Dienstleistungen, die für den Buchhandel eine große Erleichterung darstellen. Diese seien im Folgenden kurz aufgelistet:

- a. Libri Order: Bestellübermittlung und Bestellbuch
- b. Libri Phone: telefonische Lieferbarkeitsabfrage und Bestellübermittlung
- c. Libri Order Response: Sofortige elektronische Lieferbestätigung
- d. Libri ELS: Elektronischer Lieferschein
- e. Libri Vormerkservice: Informationen zu Vormerkungen und Ummeldungen von Meldeschlüsseln werden elektronisch übermittelt
- f. Libri Bestellclearing: Elektronische Weiterleitung der Verlagsbestellungen mit verlagsindividuellen Übergabezeiten und Fax-Rückmeldung bei Nichtweiterleitung

---

[15] Das Buch über Libri. 75 Jahre Bücher bewegen. 2003. S. 108.
[16] Das Buch über Libri. 75 Jahre Bücher bewegen. 2003. S. 122–130.

g. Libri-Remission: Überträgt Gutschriftsanzeigen aus Rücksendungen

h. Libri Invoice: Elektronische Übertragung von Dekadenrechnung

i. Libri Update Service: tägliche elektronische Übertragung von Preis- und Meldeschlüsseländerungen sowie tägliche elektronische Ergänzung des Libri-Katalogs um Novitäten und Neuaufnahmen[17]

2.2 ANABEL

2.2.1 Die Informationsgemeinschaft eBuch

Die eBuch ist eine eingetragene Genossenschaft und wird am 14. Mai 2000 von 15 BuchhändlerInnen gegründet. Die Gründe für die Entstehung dieser Genossenschaft sind folgende: Der Anteil des Internetgeschäfts ist in dem Jahr 1998 auf 1999 um 175 Prozent gewachsen. Für das Jahr 2000 wurde im Bereich E-Commerce eine Zuwachsrate von 150 Prozent prognostiziert. Darüber hinaus nimmt der Konzentrationsprozess der Buchhandelsketten ebenfalls immer weiter zu. Des Weiteren ist die Diskussion über den Fall der Preisbindung und die Angst, dass dadurch viele kleine Sortimente aufgrund des daraus folgenden Preiskampfes Konkurs anmelden müssen, ein Beweggrund. Diese Veränderungen am Buchmarkt veranlassen die 15 BuchhändlerInnen zu handeln. Die zentrale Idee ist es, eine gemeinsame Kommunikationsstruktur zu schaffen, das heißt, dass die Warenwirtschaftssysteme der Buchhandlungen verknüpft werden. Durch diese Datenvernetzung können Buchhandlungen untereinander und miteinander mit Lieferanten, Verlagen und Kunden über das Internet kommunizieren. Ein Nebenprodukt dieser Kommunikationsmöglichkeit ist der eigentliche Antrieb des Unternehmens: Die Bestell- und Abverkaufsdaten werden täglich auf den gemeinsamen Server gestellt und dort anonymisiert ausgewertet. Diese Ergebnisse werden Media Control[18] gegen

---

[17] Vgl. G. Hardt, J. Woerner: Barsortimente: Die aktuellen Leistungen, Kosten und Entwicklungen. S. 6–7. In: http://hardt-woerner.de am 01.02.2005.

[18] Media Control ist seit 28 Jahren der Marktführer im Bereich der Ermittlung von Abverkaufszahlen des Unterhaltungssektors in Deutschland, der Schweiz und Österreich.

Vergütung zur Verfügung gestellt. Vor allem Verlage interessieren sich für diese Daten. Denn die Verlagsmitarbeiter wissen genau, was sie in den Handel verkauft haben, aber nicht wie viel davon tatsächlich weiterverkauft wurde. Und genau diese Kennzahlen ermittelt Media Control. Mit diesen Informationen kann der Verlag den Umgang mit den zu erwartenden Remittenden besser planen und überflüssige kostenintensive Nachdrucke vermeiden.

Inzwischen ist die Zahl der eBuch-Mitgliedsbuchhandlungen auf über 230 angewachsen, und jedes dieser Mitglieder verfügt über ein geschlossenes Warenwirtschaftssystem. Als einmalige Einlage werden 1.500 Euro gefordert. Dafür wird die Datenlieferung der Mitglieder mit 60 Euro im Jahr vergütet, und wenn am Jahresende Gewinn erwirtschaftet wurde, wird dieser unter Umständen auch ausgeschüttet. Die neueste Errungenschaft der Genossenschaft ist die Einkaufsgemeinschaft ANABEL, die im Folgenden näher erläutert wird.[19]

2.2.2 Das System ANABEL

ANABEL ist die Bezeichnung für eine von der eBuch entwickelte Software, die Abverkäufe, Bestellungen und Lagerzahlen der Mitglieder tagesaktuell auswertet, bündelt und verwaltet. Im Juni 2004 beginnt die Genossenschaft eine Testphase mit 25 Buchhandlungen, die seit zwei Jahren täglich zuverlässige Abverkaufsdaten liefern, wirtschaftlich stabil sind und an dem Projekt teilnehmen wollen. Das Ziel von ANABEL ist es, 25 bis 30 Prozent des Warenbezugs über ein Zentrallager und weitere 65 Prozent über die Barsortimente abzuwickeln. Nur die nicht im Großhandel verfügbaren Bücher (circa 6,5 Prozent) sollen weiterhin per Einzelbestellung eingekauft werden. Die so effizienter gestaltete Logistik kann den Rohertrag von kleineren und mittleren Sortimenten bis zu 3 Prozent anheben. Wenn man davon ausgeht, dass diese Buchhandlungen mit einer durchschnittlichen Rohertragsspanne von 28 bis 30 Prozent und hohen Betriebskosten an der Grenze der Wirtschaftlichkeit operieren, soll ANABEL die Ursachen dieses Missstands beheben und

---

[19]   Vgl. B. Meixner: Die Progressiven der Branche. In: Buchmarkt. Juni 2000. S. 48–53.

die ökonomische Situation des mittelständischen Sortimentsbuchhandels deutlich verbessern. Ein weiterer wesentlicher Vorteil soll der Rationalisierungseffekt unter anderem beim Wareneingang und bei der Rechnungsabwicklung sein, da man die Bücher nur von einem Lieferanten in das Warenwirtschaftssystem einspeisen und die Rechnung nur an einen Empfänger bezahlen muss. Somit steigt die Wirtschaftlichkeit des Unternehmens erheblich, wie im 8. Kapitel der vorliegenden Arbeit noch zu zeigen sein wird. Ähnliche Kosteneinspareffekte sollen sich aber auch auf der Lieferantenseite ergeben, da nur noch an eine Adresse (Libri, Bad Hersfeld) geliefert wird.

Im ersten Schritt dieser Logistik erfolgt die Bestellung von Novitäten über das Zentrallager. Die Abwicklung sieht so aus: Zu Beginn des Jahres 2004 laufen alle Novitäten-Bestellungen, die in beratender Zusammenarbeit mit den Verlagsvertretern getätigt wurden, von der Buchhandlung an ANABEL. Denn der Kontakt zwischen Verlag und Buchhandlung soll trotz des veränderten Lieferwegs nicht leiden müssen, die Vertreter sind weiterhin in den Buchhandlungen herzlich willkommen. Es werden dem Verlag alle notwendigen Daten bereitgestellt, um Vertreterbesuche weiterhin transparent zu halten, damit sie angemessen honoriert werden können. ANABEL bündelt diese eingegangenen Bestellungen, und man kann dadurch schon nach kurzer Zeit ermitteln, welcher Titel sich als Zentrallagertitel eignet. Die Kriterien sind dabei Mindestpreis (> 8 €) und die Wareneingangsbündelung (mindestens 30 Exemplare).

Daraufhin bestellte die eBuch e.G. auf eigene Rechnung diese Titel beim Verlag. Die Verlage liefern an das ANABEL-Zentrallager bei Libri. Dort erfolgt die Verteilung an die bestellenden Buchhandlungen zusammen mit der Barsortimentsware. Die vielen kleineren Lieferungen an einzelne Buchhandlungen entfallen. Die Ware wird außerdem bei den Buchhandlungen in Kunden- und Lagerbestellungen getrennt angeliefert: Dies ermöglicht dem Buchhändler effizienteres Arbeiten, da man sich zuerst ausschließlich dem wichtigeren Wareneingang widmen kann.

Ab der Erstauslieferung werden die Zentrallagertitel aktiv gepflegt. ANABEL soll immer lieferfähig sein, da präzise Informationen über Abverkäufe und Lagerbestände bei den einzelnen Genossen vorliegen, und so der optimale Zeitpunkt für den Nachbezug klar ist. Auf diese Weise werden auch Remittenden vermieden, da die Abverkaufsentwicklungen von ANABEL laufend ausgewertet werden können.

Das folgende Schema soll die Abwicklung verdeutlichen:

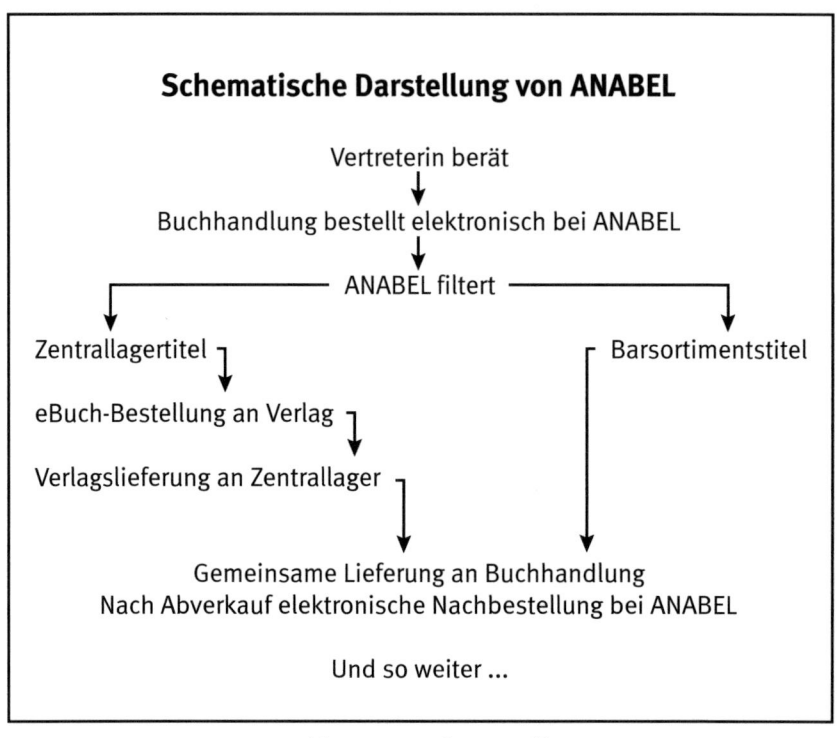

Abb. 1 von Holm Löwe[20]

Die Zentrallagertitel sind in den eBuch-Buchhandlungen immer vorrätig, da sie über Nacht beziehbar sind. Sie sollten wegen der guten Konditionen gezielt im Sortiment beworben und gut platziert werden.

Die Verwaltung und Disposition der Backlist-Titel erfolgt in ähnlicher Weise. Hierfür wurde auch der Datenbestand der teilnehmenden Buchhandlungen der letzten zwei Jahre rückwirkend ausgewertet.

Der Verlag erhält für alle seine Titel – sowohl bei Bestellung über das Zentrallager als auch über das Barsortiment – regelmäßig die Bestell- bzw. Lieferdaten je nach

---

[20]   Entwickler der ANABEL-Software. Per E-Mail geschickt am 18.10.2004.

Buchhandlung, so dass aussagekräftige und präzise Grundlagen für Vertreterabrechnungen bestehen.

Im Gegensatz zu anderen Zentrallagermodellen werden von der eBuch keine Verlage ausgegrenzt, sondern alle verkäuflichen Titel werden am Lager aufgenommen.

3 Vorstellung der Buchhandlungen

3.1 Buchhandlung LeseLust

Die Buchhandlung LeseLust ist ein kleines Sortiment in der Gemeinde Gilching, Landkreis Starnberg. Diese Buchhandlung wird von Marianne Kamm, Werbekauffrau, und Bettina Herrmann-Wilden, Buchhändlerin, geführt. Neben den beiden Inhaberinnen sind noch drei weitere Aushilfen angestellt, die jeweils einen Tag pro Woche arbeiten. In Gilching gibt es noch eine weitere Buchhandlung, die hauptsächlich auf Reiseliteratur spezialisiert ist.

Die Buchhandlung LeseLust umfasst 57 Quadratmeter und hat einen jährlichen geschätzten Umsatz von 350.000 Euro.[21] Die größten Warengruppen in dem Sortiment stellen das Kinder- und Jugendbuch sowie die Belletristik dar. Natürlich sind auch alle gängigen anderen Warengruppen mit einer kleineren Auswahl vertreten.

Die Buchhandlung arbeitet seit der Firmengründung am 1. Juli 2002 sehr erfolgreich mit dem Warenwirtschaftssystem Tango. Über dieses System werden der Wareneingang, die Bestellungen und das Kassieren auf bequeme Art und Weise erledigt. Bestellt wird sowohl für die Kunden als auch für das Lager beim Barsortiment Libri und direkt bei den Verlagen je nach Erhältlichkeit und Dringlichkeit. Das Sortiment besitzt keinen eigenen Packraum, deshalb müssen die bestellten Pakete zunächst einmal im Verkaufsraum untergebracht und bearbeitet werden.

Die Kunden des Sortiments haben vorwiegend einen hohen Bildungsstandard und sind eher wohlhabende Kunden, die anspruchsvolle Literatur der leichten Unterhaltungsliteratur vorziehen. Die Kinder- und Jugendbuchabteilung ist das zweite Standbein des Unternehmens, da in der Umgebung viele Familien mit Kinder leben.

Die Buchhandlung LeseLust ist eine Mitgliedsbuchhandlung der eBuch, aber ist bis jetzt noch nicht ANABEL angeschlossen.

---

[21] Aus Datenschutzgründen wird hier ein Jahresumsatz geschätzt.

3.2   Bücher-Thurn

Das Sortiment Bücher-Thurn liegt in der Kreisstadt Mindelheim im Unterallgäu. Die Stadt hat circa 15.000 Einwohner und neben dem untersuchten Sortiment gibt es noch zwei weitere Konkurrenzbuchhandlungen. Außer dem Inhaber, Herbert Thurn, gibt es in der Buchhandlung noch einen Auszubildenden, zwei Vollzeitkräfte und eine Halbtagskraft. Die Geschäftsräume haben insgesamt 230 Quadratmeter, wobei 167 Quadratmeter von Bücher-Thurn genutzt werden und der verbleibende Raum von einem Handyladen eingenommen wird. Der Jahresumsatz 2004 des Sortiments beträgt 1,05 Millionen Euro. Der durchschnittliche Lagerbestand liegt bei 98.000 Euro. Das Sortiment setzt sich wie bei der Buchhandlung LeseLust hauptsächlich aus dem belletristischen Bereich als auch aus dem Kinder- und Jugendbuchbereich zusammen. Die anderen Warengruppen sind nach Nachfrage größer oder kleiner gestaltet. Im Gegensatz zur LeseLust führt Bücher-Thurn auch Zeitschriften und es stehen den Kunden zwei Computer zur Internetnutzung zur Verfügung.

Das genutzte Warenwirtschaftssystem für das tägliche Buchgeschäft ist auch hier Tango. Bücher-Thurn ist ein Mitglied der eBuch und zusätzlich auch ANABEL Kunde. Es gibt einen der Buchhandlung angeschlossenen Raum, der als Büro und Packraum genutzt wird. Das heißt, dass die eintreffende Ware nicht vor den Augen der Kunden gestapelt wird, sondern vorerst separat abgelegt werden kann.

Die Kundenstruktur unterscheidet sich maßgeblich von der der Buchhandlung LeseLust. Die Kunden haben eher ein mittleres Bildungsniveau und gehören der finanziellen Mittelschicht an. Somit ist die Titelauswahl der Buchhandlung eher an leichter Unterhaltungsliteratur orientiert.

4 Das Bestellverhalten

4.1 Die Beschaffungsquellen

4.1.1 Der Direktbezug

Mit dem Direktbezug ist das Bestellen beim Verlag beziehungsweise bei der Verlagsauslieferung ohne Umwege über einen Zwischenbuchhändler gemeint. Untersuchungen haben ergeben, dass eher große Betriebe öfter direkt beziehen als kleinere.[22] Wenn man die letzten 35 Jahre betrachtet, muss man feststellen, dass sich die prozentuale Verteilung der Beschaffungswege nur unwesentlich verändert hat, obwohl sowohl Verlage als auch Barsortimente durch verbesserte Leistung und differenzierte Konditionen versucht haben, ihren Anteil zu vergrößern. Das wichtigste Argument, das die Verlage zur Stärkung des Direktbezuges anführen, ist der höhere Rabatt. Diesen würden die Buchhändler gerne für ein Jahr festlegen, um wirtschaftlicher planen zu können. Die Verlage verlangen dafür als Gegenleistung, dass die Verlagsvertreter zwei Mal im Jahr empfangen werden, um ihr Programm vorzustellen.[23]

Viele Verlage liefern nicht selbstständig aus, sondern haben die Auslieferung den Verlegerkommissionären (Verlagsauslieferungen) übertragen, die im Namen und auf Rechnung ihrer Verlegerkomittenten handeln. Die Verlagsauslieferung kann auf Wunsch Statistiken über Titelabsatz, den Lagerbestand etc. erstellen. Zunächst organisiert sie aber die Einlagerung und die Codierung, beziehungsweise die Erfassung eines jeden Titels. Verlagsauslieferungen entlasten die Verlage nicht nur von der Lagerhaltung, sondern sie kümmern sich auch um das Verpacken und Versenden der Bücher an die Buchhandlungen. Des Weiteren kümmern sie sich um die Bestell- und Remittendenannahme. Der Grund, warum Verlage diese Dienstleistungen einer Auslieferung übertragen, ist auf „das Problem der Spitzen" zurückzuführen.[24]

---

[22] Vgl. Buch und Buchhandel in Zahlen 2004.Frankfurt am Main 2003. S. 38.

[23] Vgl. F. Hinze: Beschaffung und Lagerhaltung im Sortimentsbuchhandel. Band 1. Friedrichdorf 2000. S. 108–111.

[24] Vgl. Wirtschaftsunternehmen Sortiment. Hrsg. von K.-W. Bramann. Frankfurt am Main 2000. S. 212–213.

„Denn die Produktion fließt nicht gleichmäßig über das Jahr verteilt ab, sondern ist durch ein saisonal bedingtes und damit auch kalkulierbares Ansteigen und Absinken gekennzeichnet."[25]

Die Lagerkapazität und der Personaleinsatz variieren somit je nach Saison. Eine Auslieferung hat die Möglichkeit, in einer Lagerhalle verschiedenartige Verlagsarten mit unterschiedlichen Spitzen einzulagern und dadurch das Problem zu entschärfen.

Die Gebühren, die ein Verlag an die Verlagsauslieferung zu bezahlen hat, berechnen sich meistens nach dem Prinzip der gewichtsabhängigen Lagermiete sowie nach einer prozentualen Gebühr vom Umsatz. Es kommt durchaus vor, dass Verlage unterschiedliche Sätze zahlen müssen. Das liegt an den unterschiedlichen Dienstleistungen, die ein Verlag in Anspruch nimmt. Für die Inanspruchnahme aller Dienstleistungen muss ein Verlag mehr als 10 Prozent von seinem Nettoumsatz zahlen.[26]

4.1.1.1 Kleinsendungen

Kleinsendungen entstehen durch einzelne Kundenbestellungen oder durch Nachlieferungen seitens der Verlage. Im Durchschnitt wird etwa 25 Prozent des Umsatzes einer Buchhandlung mit solchen Kleinsendungen gemacht. In kleinen Buchhandlungen ist dieser Anteil mit etwa 40 Prozent des Umsatzes erheblich größer, in Großflächen-Buchhandlungen mit 5 bis 10 Prozent geringer.[27] Diese Versendungen bringen für die Verlage ohne Bündelung keinerlei Rendite, da man wegen ein oder zwei Büchern Verpackungsmaterial verbraucht, Portokosten bezahlt und eine Rechnung schreiben muss: Faktoren, die den Verlag Geld kosten. Ein weiterer Punkt, wie Kleinsendungen zustande kommen, ist das vorsichtige Einkaufsverhalten der Buchhändler. Man versucht weniger Kapital im eigenen Laden zu binden und

---

[25] Wirtschaftsunternehmen Sortiment. Hrsg. von K.-W. Bramann. Frankfurt am Main 2000. S. 212.

[26] Vgl. Wirtschaftsunternehmen Sortiment. Hrsg. von K.-W. Bramann. Frankfurt am Main 2000. S. 213.

[27] Vgl. Hinze: Beschaffung und Lagerhaltung im Sortimentsbuchhandel. Band 1. Friedrichdorf 2000. S. 176.

bestellt deshalb kleinere Mengen. „Insgesamt fast zwei Drittel aller Packstücke, die im Jahr 2002 verschickt wurden, wogen unter fünf Kilogramm."[28] Ein Ansatz zur Reduzierung dieser Kleinsendungen ist die Bündelung von Bestellungen. Eine der gängigsten Bündelungsstrategien, das Parkmodell, wird im Folgenden erläutert.

4.1.1.2 Parkmodelle

Das Parkmodell wurde 1994 eingeführt. Das Prinzip besteht darin, dass Titel erst auf Wunsch des Sortimenters ausgeliefert werden, wenn ein bestimmtes Bestellvolumen erreicht ist. Das Grundmodell, das sämtliche beteiligten Auslieferungen anbieten, sieht dabei die Steuerung der Bestellmenge über eine Zeitvorgabe vor. Zu bestimmten Terminen (ein bis mehrmals die Woche) werden die Bestellungen ausgeliefert. Erweiterte Modelle sehen das Parken auch nach Wert- oder Gewichtsgrenze vor. Im Optimalfall sparen am Parkmodell beteiligte Buchhändler Geld, Verpackung und Entsorgungskosten. Außerdem wurde das Konzept entwickelt, dass die Sortimenter eine Sammelrechnung für die geparkten Titel aus unterschiedlichen Verlagen erhalten. Bis jetzt wurde dieser Gedanke aber noch nicht erfolgreich in die Tat umgesetzt.[29]

4.1.2 Das Barsortiment

Das erste selbstständige Barsortiment als Fachgroßhandlung gründet Louis Zander 1852 in Leipzig. Den Begriff Barsortiment deutet man in zweifacher Weise: zum einen nach der früheren Gepflogenheit nur gegen Bargeld zu liefern, zum anderen nach der Abgabe zum „Barpreis" der Verleger. Mittlerweile übt das Barsortiment nur die Funktion eines Großhändlers aus, beliefert also ausschließlich Wiederverkäufer und nicht Endverbraucher.

Als Entgelt für die Mittlerfunktion erhält das Barsortiment den Höchstrabatt des Verlages, der maximal 50 Prozent entspricht. Das bedeutet, dass kein Einzelhändler

---

28 Vgl. S. Fuhrmann: Kleinere Pakete. In: Börsenblatt 22–2003.
29 Vgl. Lawine gestoppt? In: Buchmarkt. März 2000. S. 62.

für sich einen höheren Rabatt beanspruchen darf als den Barsortimentsrabatt. Dieser umfasst den handelsüblichen Grundrabatt sowie den so genannten Funktionsrabatt. Folgendes Beispiel zur Erläuterung:

> „Publikumsverlage benötigen rund 55% des Ladenpreises zur Deckung ihrer Kosten und zur Erwirtschaftung ihres Gewinns. Mit ca. 45% vom Ladenpreis wird der Großhändler beliefert, der seinerseits jedoch die bestellten Bücher mit dem Orginalverlagsgrundrabatt – bei Publikumsverlagen rund 30% vom Ladenpreis – an die Sortimenter weitergibt. Dem Barsortiment verbleiben somit rund 15% vom Ladenpreis (= Funktionsrabatt), um die eigenen Kosten zu decken und die Betriebsrentabilität sicherzustellen."[30]

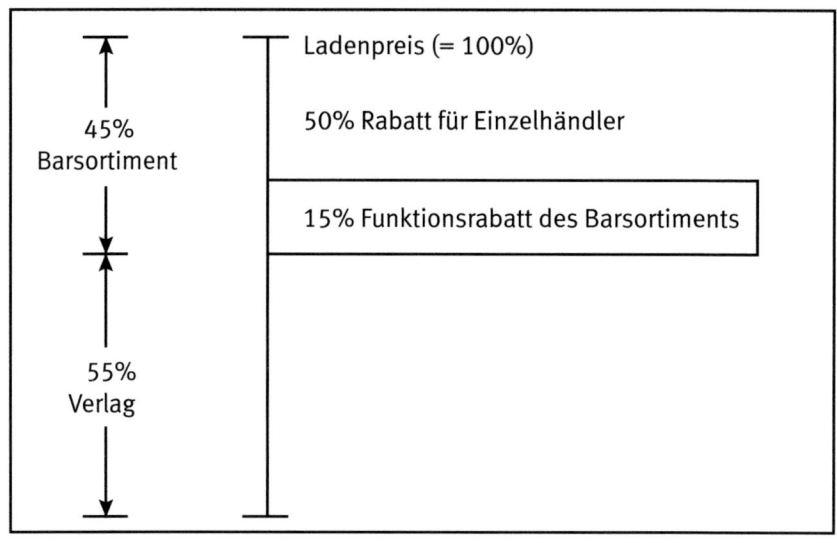

Abb. 2: Funktionsrabatt eines Barsortiments [31]

[30] Wirtschaftsunternehmen Sortiment. Hrsg. von K.-W. Bramann. Frankfurt am Main 2000. S. 205–206.
[31] Sortiments- und Verlagskunde. Hrsg. von K.-W. Bramann. Frankfurt am Main 1999. S. 190.

Aufnahme ins Lager finden Titel, die vom Buchhandel nachgefragt werden. Inzwischen ist der Lagerbestand der großen Barsortimente auf bis zu 300.000 Titel angewachsen. Für die Sortimenter ist dieser Lieferstock rasch verfügbar, da sie von heute auf morgen beliefert werden, was vor allem bei Kundenbestellungen einen Service besonderer Qualität darstellt. Üblicherweise liefert ein Barsortiment nur die im Lager befindlichen Titel aus. Die Lücken, die im Warenbestand entstehen, werden schnell geschlossen und je nach Vereinbarung mit dem Kunden werden Bücher vorgemerkt oder direkt storniert. [32]

Zwischen den gängigen Barsortimenten Koch, Neff & Volckmar, Libri, Umbreit und Könemann gibt es nur geringe Unterschiede bei Konditionen und Dienstleistungen. Die Sortimente verkehren entweder mit einem oder zwei, seltener mit drei Barsortimenten. Es kommt immer auch darauf an, welcher Ort von welchem Barsortiment angefahren wird. Die Buchhandlungen erhalten zumeist einen Kontokorrent mit Dekaden- oder Halbmonatsrechnungen. Neben anderen Leistungen wird dem Sortimenter als Service die Etikettierung der Lieferung angeboten.

„Die Etiketten beinhalten Autor und Titel, die ISBN, sowohl in Klarschrift als auch in EAN Codierung, den Ladenpreis und die Warengruppenkennzeichnung. Das hilft den Buchhandlungen beim Wareneingang und erleichtert das Einlesen bei EDV-gesteuerten Warenwirtschaftssystemen."[33]

Auch für die Verlage stellt das Barsortiment einen wichtigen Handelspartner dar. Denn die schnelle Erhältlichkeit der Titel dient letztlich auch jenen, die ihr Programm ansonsten nur in Depot- oder Großbuchhandlungen komplett anbieten können. Zusätzlich bleiben die Bücher beim Barsortiment für einen längeren Zeitraum im Datenbestand, das heißt, sie sind auch dann noch für das Sortiment schnell lieferbar, wenn bereits das neue Novitätenprogramm den Platz in der

---

[32] Vgl. F. Hinze: Beschaffung und Lagerhaltung im Sortimentsbuchhandel. Band 1. Friedrichdorf 2000. S. 126–127.

[33] F. Hinze: Beschaffung und Lagerhaltung im Sortimentsbuchhandel. Band 1. Friedrichdorf 2000. S. 128.

Buchhandlung beansprucht und zu einer Remission der alten Produktion geführt hat.[34]

4.2   Die Bestellabwicklung

4.2.1   Der Vertreter

Der Vertreter stellt das Bindeglied zwischen herstellendem und verbreitendem Buchhandel dar. Seine Aufgabe besteht im Verkauf der Ware. Gerade in diesem Punkt zeigt sich, wie intensiv er sich mit den einzelnen Buchhandlungen befassen muss: Verkauft der Vertreter dem Sortimenter zu wenig Ware, entgeht ihm möglicherweise Umsatz, verkauft er ihm aber zu viel, wird sein Erlös durch die nachträglichen Remittenden geschmälert. Der Vertreter muss deshalb die einzelnen Buchhandlungen gut kennen. Er muss vor allem bei kleineren Sortimenten bei der Auswahl behilflich sein. Üblicherweise besucht der Vertreter seine Kunden zwei Mal im Jahr zur Reisezeit, was aber nicht ausschließt, dass er seine Hauptkunden auch häufiger besucht. Der Vertreter ist mittlerweile mehr als ein Verkäufer.

„Er vermittelt auch Informationen über Werbeschwerpunkte und absatzfördernde Maßnahmen, die weit über die Informationen der Verlagsvorschauen hinausgehen können."[35]

Viele Sortimenter führen das Vertretergespräch nicht mehr in ihren eigenen Geschäftsräumen, sondern besuchen so genannte Vertreterbörsen. Es gibt mittlerweile fast 15 Börsen, die von rund 800 Firmen besucht werden. Auf solchen Veranstaltungen finden sich zahlreiche Vertreter der wichtigsten Publikumsverlage an einem Wochenende zusammen. Ein Vorteil dieser Börsen besteht darin, dass der Sortimenter

---

[34]   Vgl. Wirtschaftsunternehmen Sortiment. Hrsg. Von K.-W. Bramann. Frankfurt am Main 2000. S. 205.

[35]   Wirtschaftsunternehmen Sortiment. Hrsg. von K.-W. Bramann. Frankfurt am Main 2000. S. 244.

nicht mehr viele Stunden für die Vertreterbesuche während seiner Ladenöffnungszeit einkalkulieren muss. Für die Vertreter wiederum ist es angenehm, dass sie ihre Reiseroute straffen können. Allerdings verliert der Vertreter den unmittelbaren Kontakt zum Ladengeschäft und dessen Gestaltungs- und Platzierungsmöglichkeiten.[36]

4.2.2 Datenfernübertragung

Schon 1842 gibt es in Leipzig eine zentrale Stelle zum Austausch der Bestellzettel. Diese Vorgehensweise wird in den Bestellanstalten der Sortimenterkommissionäre fortgesetzt. Momentan betreiben die beiden Barsortimente KNV und Libri-Bestellanstalten sowie der Informationsverbund Buchhandel (IBU).

Die Buchhandlungen leiten ihre gesamten Bestellungen gebündelt per Datenfernübertragung (DFÜ) an die Bestellanstalt, die diese wiederum gebündelt an Verlage, Verlagsauslieferungen und Barsortimente weiterleiten. Datenfernübertragung beschleunigt den Bestellvorgang und erspart den Empfängern die wiederholte manuelle Erfassung.

„Die aufbereiteten Daten (Verkehrsnummer, ISBN) können direkt in die EDV der Verlage und Auslieferungen eingespielt werden, wo sie mit den dort gespeicherten Konditionen der Buchhandlungen und ihren Vorgaben für die Lieferwege verbunden werden."[37]

Die Verlage, die nicht elektronisch erreichbar sind, erhalten die von den Bestellanstalten ausgedruckten Aufträge per Post oder Fax.

Die Barsortimente erhalten mittlerweile fast 90 Prozent ihrer Bestellungen auf diesem Weg. Dagegen ist die Zahl der elektronischen Verlagsbestellungen noch

---

[36] Vgl. Wirtschaftsunternehmen Sortiment. Hrsg. von K.-W. Bramann. Frankfurt am Main 2000. S. 245.

[37] F. Hinze: Beschaffung und Lagerhaltung im Sortimentsbuchhandel. Band 1. Friedrichdorf 2000. S. 162.

sehr niedrig. Deshalb steht auch für die Bestellanstalten KNV und Libri das eigene Barsortiment im Mittelpunkt, während die Dienstleistung zwischen Buchhandlung und Verlag einen zusätzlichen Service darstellt.[38]

4.2.3 Telefon und Fax

Für eilige Bestellungen ist das Telefon ein schneller Weg zur Datenübermittlung. Es wird in der Regel nur dann zum Telefon gegriffen, wenn dringende Aufträge nicht per DFÜ versendet werden können, weil die Bestellungen mit Fragen an den Verlag verbunden sind. Zur Grundausstattung jeder Buchhandlung sollte mittlerweile auch das Telefax gehören, das für die Bestellungen bei den Verlagen in einer beachtlichen Größenordnung eingesetzt wird: Es erreicht in den Jahren 1994 bis 1998 einen Anteil von 13 bis 16 Prozent. Das Telefon hingegen hat einen Anteil von 6 Prozent an der Bestellstruktur.[39]

4.3 Die Arbeitsweise der untersuchten Buchhandlungen

4.3.1 Buchhandlung LeseLust

Die Buchhandlung LeseLust bestellt ihre Lager- beziehungsweise Kundentitel entweder beim Barsortiment oder direkt bei den Verlagen. Für einen bestmöglichen Kundenservice ist eine möglichst schnelle Lieferung entscheidend: bei einer Bestellung bei Libri kann man in der Regel schon am darauf folgenden Tag mit einer Lieferung rechnen. An Libri werden zwei Mal am Tag die Bestellungen per Datenfernübertragung gesendet, einmal mittags und einmal gegen 17 Uhr, denn dies ist der letztmögliche Bestellzeitpunkt. Die Vorschläge für Lagerbestellungen,

---

[38] Vgl. F. Hinze: Beschaffung und Lagerhaltung im Sortimentsbuchhandel. Band 1. Friedrichdorf 2000. S. 163.

[39] Vgl. F. Hinze: Beschaffung und Lagerhaltung im Sortimentsbuchhandel. Band 1. Friedrichdorf 2000. S. 162–163.

die das Warenwirtschaftssystem Tango automatisch macht, werden vor der Übertragung geprüft. Oft gibt es Titel, die einer Buchhandlung nicht fehlen dürfen, wie zum Beispiel die gerade aktuellen Bestseller. Diese werden dann bis zum nächsten Tag bei Libri mitbestellt. Kundentitel, die nicht bei Libri erhältlich sind, werden direkt bestellt. Das heißt, man recherchiert die Titel meist im Verzeichnis lieferbarer Bücher (VLB), importiert sie direkt von der VLB-CD in das Warenwirtschaftssystem Tango und bestellt somit direkt über Datenfernübertragung bei den Verlagen. Wenn es Fragen zu Titeln oder Lieferzeitraum gibt, werden die Verlage meist sofort über das Telefon kontaktiert. Als Alternative stehen noch die E-Mail oder das Faxgerät zur Verfügung. Lagertitel, Novitäten- oder Backlisttitel werden zwei Mal im Jahr direkt bei den Vertretern bestellt. Das heißt, die Vertreter kommen in die Buchhandlung, stellen ihr Programm vor und nehmen die Bestellungen auf. Die Vertretergespräche werden meistens im Beisein beider Geschäftsführerinnen geführt und müssen im laufenden Betrieb stattfinden, da die Buchhandlung Lese-Lust durchgehende Öffnungszeiten von 9.00 bis 19.00 Uhr hat. Diese Gespräche bedürfen einer gewissen Vorbereitung. Die Abverkaufslisten müssen mit Hilfe des Warenwirtschaftssystems erstellt werden. In diesen Listen sind alle Bücher des jeweiligen Verlages aufgezählt, die jemals im Lager waren, mit den dazugehörigen Abverkaufszahlen. Diese Listen müssen daraufhin geprüft werden, welche Titel man nochmals einkauft und welche man remittieren möchte. Der Service der Vertreterbörsen wird auch von Frau Herrmann-Wilden und Frau Kamm in Anspruch genommen. Dies bedeutet, dass sie im Januar auf die Vertreterbörse fahren und an einem Tag mindestens sieben Vertretergespräche führen. Dies rationalisiert den Einkauf für die Buchhandlung erheblich, da die Vertreter nicht im laufenden Geschäft empfangen werden müssen, und die Buchhandlung in kürzester Zeit ihren Halbjahreseinkauf getätigt hat.

Parkmodelle werden von der LeseLust nicht in Anspruch genommen. Die Verlagsauslieferungen liefern sofort aus, sobald eine Bestellung eingetroffen ist. Deshalb fällt in diesem Sortiment relativ viel Altpapier an.

Erwähnenswert bei dieser Buchhandlung ist weiterhin, dass durch die Nähe zum Verlegerdienst München die Pakete dort meistens selbst abgeholt werden. Das heißt, man spart zwar die Portokosten, muss aber dafür den Fahrtweg und das Tragen der Pakete berücksichtigen.

4.3.2 Bücher-Thurn

Die Buchhandlung Bücher-Thurn bestellt ihre Bücher über ANABEL. Das bedeutet, dass sowohl Kunden- als auch Lagertitel dort bezogen werden. Bestellt wird drei Mal am Tag, morgens, mittags und abends. In der Regel sollten 50 Prozent der Bestellungen vor 13 Uhr und 75 Prozent vor 15 Uhr gesendet werden. Der Grund dafür ist, dass die Mitarbeiter des Zentrallagers in Bad Hersfeld rund um die Uhr beschäftigt sein sollen und es zu keinen Leerlaufzeiten kommen soll. Das Bestellsystem ist ähnlich dem der LeseLust: Das Warenwirtschaftssystem macht Titelvorschläge aufgrund der Abverkaufszahlen für die Lagerbestellungen. Die wenigen Kundentitel, die nicht über ANABEL geliefert werden können, werden direkt per Datenfernübertragung bei den Verlagen bestellt. Auch hier werden Fragen an den Verlag zu dem jeweiligen Buch direkt per Telefon oder Mail an den Verlag gestellt und die Bestellung sofort aufgegeben. Die Vertreter kommen zu Bücher-Thurn, um das neue Verlagsprogramm vorzustellen. Allerdings wird Bücher-Thurn momentan nicht von vielen Vertretern besucht, da diese nicht sofort Umsatz in der Buchhandlung machen können. Man bestellt die gewünschten Novitäten für das Lager nicht direkt bei dem Vertreter, sondern leitet die Titel und die gewünschte Anzahl an ANABEL weiter. Das Zentrallager wird diese Titel, wenn sie „Zentrallager-tauglich" sind, einkaufen. Die Neuerscheinungen werden dann am Erstverkaufstag in den ANABEL-Wannen mit angeliefert. Man muss auch nicht große Stückzahlen bestellen (wie zum Beispiel eine Partie von elf zu zehn), sondern kann sich erst einmal nur drei Bücher des Titels in die Buchhandlung zum Verkauf legen, um zu sehen, ob es ein gefragter Titel ist oder nicht. Das Buch kann immer bis zum nächsten Tag in beliebiger Stückzahl am Zentrallager bestellt werden. Parkmodelle müssen von ANABEL-Kunden nicht mehr in Anspruch genommen werden, da man kaum noch Pakete direkt von den Verlagen erhält.

5   Die Bezugswege

Die Wahl des Lieferweges stellt eines der schwierigsten Probleme bei der Beschaffung von Verlagserzeugnissen dar. Man hat die Möglichkeit, einen öffentlichen Verkehrsträger (Post, Bahn), ein gewerbliches Transportunternehmen (Paketdienste, Spediteure) oder den Büchersammelverkehr, den buchhandelsinternen Zustelldienst der Barsortimente, zu wählen. Im Buchhandel ist es üblich, dass der Abnehmer die Kosten für die Zusendung trägt, wenn der Versand nach Vorschrift erfolgt ist. Dem Verlag können nachgewiesene Mehrkosten berechnet werden, wenn er auf einem anderen, teureren Weg als vorgegeben liefert. Ähnliches gilt für Lieferfehler. Hier kann der Abnehmer sogar eine angemessene Bearbeitungsgebühr verlangen.[40] Die Höhe der Warenbezugskosten kann für den Sortimenter durchaus erheblich sein. Sie können 1,5 bis 3 Prozent vom Umsatz beziehungsweise 2 bis 4 Prozent vom Wareneingangswert betragen. Diese Unterschiede sind in erster Linie auf das Wareneingangsvolumen zurückzuführen, wobei hier wesentlich ist, dass kleinere Buchhandlungen einen sehr viel höheren Anteil haben als große Unternehmen. Weiterhin beeinflusst die Absatzstruktur, und damit verbunden die Wahl der Lieferanten, die Warenbezugskosten. Außerdem bewirkt die Nähe oder Ferne zu den Lieferanten Unterschiede. Der entscheidende Faktor bleibt aber das Einkaufsverhalten des Buchhändlers und das Festlegen der Versandwege.[41]

Am 12. Juni 1991 ändert sich die Verpackungsordnung: Die Verlage sind nun verpflichtet, die gebrauchten Verpackungen zurückzunehmen oder die Kosten für die Entsorgung zu bezahlen. Dies führt dazu, dass die großen buchhändlerischen Kommissionäre Wannen, die lange Zeit verwendbar sind, zum Einsatz bringen. Diese Mehrwegverpackung findet bei den Verlagen keinen großen Anklang, da man denkt, dass die Kosten für den Hin- und Rücktransport aufgrund der aufwendigen Logistik teurer sind.[42]

---

[40]   § 15 der Verkehrsordnung, Anhang S.II.

[41]   Vgl. F. Hinze: Beschaffung und Lagerhaltung im Sortimentsbuchhandel. Band 1. Friedrichdorf 2000. S. 171.

[42]   Vgl. F. Hinze: Beschaffung und Lagerhaltung im Sortimentsbuchhandel. Band 1. Friedrichdorf 2000. S. 175.

5.1 Bücherwagendienst und Büchersammelverkehr

Mit dem Büchersammelverkehr sind die Abhol-, Zustell- und Weiterleitungsdienste
der Kommissionäre und Barsortimente gemeint.
Folgende Dienstleistungen umfasst der Büchersammelverkehr:

- Zustellung der Verlagslieferungen an die Sortimenter-Kommittenten mittels Bücherwagen
- das Abholen der Verlagsbeischlüsse bei den Verleger-Kommittenten
- den Austausch der Lieferungen auf den Kommissionsplätzen Frankfurt am
  Main, Berlin, Hamburg, Stuttgart und Köln
- die Bestellübermittlung der Sortimenter-Bestellungen an die Verlage auf
  elektronischem Wege oder durch Bücherzettel [43]

Schätzungsweise zwei Drittel der Lieferungen werden in der Bundesrepub-
lik Deutschland über diesen branchaninternen Zustelldienst getätigt. Die
Bücherwagendienste beliefern heute durch nächtliche Zufuhr circa 1.500 Orte, um
Barsortimentslieferungen und Verlagsbeischlüsse abzuliefern und gegebenenfalls
Remittenden mitzunehmen.

Das Barsortiment Libri gründet ein eigenes Transportunternehmen gemeinsam mit
dem Transportspezialisten „trans-o-flex" im Jahre 2000. Ab dem Frühjahr 2005
wird Booxpress sogar auf dem Libri-Gelände in Bad Hersfeld sein Logistikzentrum
haben. Barsortiments- und Verlagssendungen werden dann gemeinsam angeliefert
nach individuellen, fest vereinbarten Lieferzeiten.[44]

Für den Büchersammelverkehr zahlt der Sortimenter eine monatliche Kommis-
sionsgebühr. Hinzu kommen dann noch die Kosten der einzelnen Sendungen
von Barsortiment und Verlagen. Beide werden allerdings nicht auf der Basis
einer Gebührenstaffel, sondern getrennt berechnet. Die Tarife für den Transport
der Barsortimentsware sind niedriger als die für den Transport der Verleger-
beischlüsse. Die Transporttarife orientieren sich nicht an der Menge, die der

---

[43] Vgl. F. Hinze: Beschaffung und Lagerhaltung im Sortimentsbuchhandel. Band 1.
      Friedrichdorf 2000. S. 176.
[44] Vgl. F. Hinze: Beschaffung und Lagerhaltung im Sortimentsbuchhandel. Band 1.
      Friedrichdorf 2000. S. 177.

Absender übergibt, sondern an der, die eine einzelne Buchhandlung erhält. Somit wird die Ware im Büchersammelverkehr für eine kleinere Buchhandlung teurer als für eine größere.

> „Das hat zur Folge, dass die Transportkosten-Modelle der Verlage und ihrer Auslieferung für kleinere Buchhandlungen deutliche Kostenvorteile bieten können, während für größere Buchhandlungen der Büchersammelverkehr günstiger ist."[45]

Durch eine generelle Versandanweisung können Verlage beauftragt werden, alle Sendungen einem ausgewählten Bücherwagendienst zum Transport zu übergeben.

5.2 Postbezug und Paketdienst

Bei den am häufigsten genutzten Transportwegen nimmt der Postbezug den zweiten Platz ein. Für die Einlieferung, Beförderung und Auslieferung von Sendungen sind die „Allgemeinen Geschäftsbedingungen" der Deutschen Post AG verbindlich. Diese können bei jeder Postfiliale eingesehen oder erworben werden. Die dort angeführten Preise sind aber nur dann relevant, wenn es um die Anlieferung kleinerer Mengen geht. Sortimente, die einen hohen Versandanteil haben, können günstigere Preise aushandeln.

Als besondere Form für die Buchbranche hat die Deutsche Post im Inland die so genannte Büchersendung zugelassen, eine verbilligte Versandart mit begrenztem Gewicht und festgelegten Abmessungen. Den Büchersendungen dürfen nur die Rechnung, ein Zahlscheinvordruck und eine Leih- oder Buchlaufkarte beigelegt werden. Briefliche Mitteilungen und Werbebeilagen sind nicht zugelassen. Grundsätzlich sind offener Versand sowie die Bezeichnung „Büchersendung" oberhalb der Anschrift erforderlich.

---

[45] F. Hinze: Beschaffung und Lagerhaltung im Sortimentsbuchhandel. Band 1. Friedrichdorf 2000. S. 177.

Für schwere Sendungen, den Großgewichten, wird man für die Lieferung eine Spedition beauftragen. Von Vorteil sind hierbei die niedrigen Preise je Kilogramm insbesondere bei Gewichten über 100 Kilogramm. Dass der Buchhändler seine Ware direkt bei der Verlagsauslieferung selbst abholt, kommt nur dann vor, wenn die Auslieferung des Verlages in der Nähe des Sortiments ist. Diese Variante ist für den Händler sehr zeitintensiv.[46]

---

[46] Vgl. F. Hinze: Beschaffung und Lagerhaltung im Sortimentsbuchhandel. Band 1. Friedrichdorf 2000. S. 178–180.

6 Der Wareneingang

6.1 Verlagsbeischlüsse

6.1.1 Buchhandlung LeseLust

6.1.1.1 Auspacken und Stückzahlprüfung

Vor dem Auspacken einer Lieferung werden die Adresse und die Bestimmung der Sendung überprüft. Wenn das Paket nicht für die Buchhandlung LeseLust bestimmt ist, wird die Annahme verweigert, beziehungsweise bei Bücherwagenzustellung wird die Falschlieferung am nächsten Tag dem Transporteur wieder mitgegeben. Außerdem muss die Paketanzahl mit den Lieferavisen abgeglichen werden.

Bei größeren Verlagsauslieferungen ist es üblich, dass Warenbegleitschein und Rechnung getrennt voneinander sind. Das erste Paket enthält die Rechnung für die komplette Lieferung und zusätzlich einen Warenbegleitschein, der den Inhalt jedes weiteren Pakets beinhaltet.

Nach dem Öffnen des Paketes wird überprüft, ob Titel und Stückzahl mit dem Begleitpapier und der Rechnung übereinstimmen. Diese Stückzahlkontrolle ist unumgänglich, damit Inventurfehlbestände vermieden werden. Der Inhalt einer Sendung gilt als mit der Rechnung korrespondierend, wenn der Empfänger dem Absender nicht innerhalb von 14 Tagen nach Eingang der Ware die Abweichung anzeigt.[47]

Wenn bei den eingegangenen Sendungen Kundenbestellungen dabei sind, werden diese aus Gründen des Kundenservices vorrangig behandelt.[48]

---

[47] Verkehrsordnung § 10. Siehe Anhang S. II.
[48] Vgl. F. Hinze: Beschaffung und Lagerhaltung im Sortimentsbuchhandel. Band 2. Friedrichdorf 2000. S. 10.

6.1.1.2 Rechnungsprüfung und Konditionenkontrolle

Nachdem festgestellt wurde, dass berechnete und gelieferte Ware übereinstimmen, folgt der Abgleich mit den Bestellunterlagen. Stellt man Packfehler fest, wie zum Beispiel die Lieferung eines anderen Werkes als bestellt und fakturiert, kann man es problemlos umtauschen. Der Lieferant hat dann die Kosten der Hin- und Rücksendung zu tragen.[49]

„Das gilt auch, wenn der Verlag die Absendung schuldhaft verzögert hat, eine ausdrücklich gestellte Lieferfrist nicht eingehalten oder sonstige Vorbehalte, beispielsweise Preisgrenzen, nicht berücksichtigt hat oder aber zu einem neuen, wesentlich erhöhten Ladenpreis geliefert und diese Preiserhöhung nicht ordnungsgemäß vorher bekannt gegeben hat."[50]

Anhand der Rechnung muss der Buchhändler Stückzahl, Titel, Rabatt, Fälligkeit, BAG-Einzug, Versandweg und Portobelastung kontrollieren. Den Konditionen sollte besondere Aufmerksamkeit bei der Überprüfung zuteil werden, denn zum Beispiel falsche Rabatte oder Zahlungsziele können erheblich höhere Kosten verursachen.

6.1.1.3 Eingabe in das Warenwirtschaftssystem

In der LeseLust ist das Warenwirtschaftssystem das Kernstück der betrieblichen Organisation. Jeder Titel wird gescannt, damit die EAN-Codierung gelesen werden kann. Der Lieferant wird entweder von Hand eingegeben oder bereits vom System als Auswahlmöglichkeit angeboten. Der Preis muss mit der Rechnung abgeglichen werden, falls dies vorher noch nicht geschehen ist. Die Warengruppe wird überprüft und die gelieferte Menge berichtigt, da automatisch die Stückzahl „eins" angegeben wird.

---

[49] Verkehrsordnung § 6, Abs. 5. Siehe Anhang S. II.

[50] F. Hinze: Beschaffung und Lagerhaltung im Sortimentsbuchhandel. Band 2. Friedrichdorf 2000. S. 13–14.

Durch diesen genauen Eintrag in das System erhält man differenzierte Datenbanken für Titel, Lieferanten, Aufträge und Kunden.[51]

6.1.1.4 Auszeichnung

Ausgezeichnet werden müssen alle der Preisbindung unterliegenden Verlagserzeugnisse mit dem vorgegebenen Ladenpreis, bei frei kalkulierbaren Waren der geforderte Preis ohne Aufspaltung in Nettoerlös und Mehrwertsteuer.
Haben die Bücher bereits einen Preisaufdruck, wie zum Beispiel die meisten Taschenbücher, entfällt die Preisauszeichnung. Notwendig ist aber immer die Kontrolle der Übereinstimmung von aufgedrucktem und berechnetem Ladenpreis. Wird die Ware nicht ausgezeichnet geliefert, muss für jedes einzelne Buch ein Etikett ausgedruckt und befestigt werden.[52]

6.1.1.5 Einsortieren der Ware oder Kundenbenachrichtigung

Die Bücher, die nicht für einen Kunden bestellt worden sind, werden im Regal oder auf einem Tisch präsentiert. Sind die Titel eingeschweißt, wird ein Ansichtsexemplar geöffnet. Dabei muss aber beachtet werden, dass das Etikett von der Folie auf das Buch übertragen wird.
Kundenbestellungen kommen in das so genannte Abholfach. Dies ist in der Buchhandlung LeseLust direkt hinter der Kasse und alphabetisch nach Kundennamen geordnet.[53]

---

[51] Vgl. Wirtschaftsunternehmen Sortiment. Hrsg. von K.-W. Bramann. Frankfurt am Main 2000. S. 258–259.

[52] Vgl. F. Hinze: Beschaffung und Lagerhaltung im Sortimentsbuchhandel. Band 2. Friedrichdorf 2000. S. 21.

[53] Vgl. F. Hinze: Beschaffung und Lagerhaltung im Sortimentsbuchhandel. Band 2. Friedrichdorf 2000. S. 24.

6.1.1.6 Meldenummern

Verlagsbestellungen verlaufen nicht immer reibungslos. Lieferschwierigkeiten, Nachdruck eines Titels oder vergriffene Titel können Gründe für Lieferschwierigkeiten sein. Lieferhindernisse übermitteln die Verlage mittel eines Schlüssels, den Meldenummern.

Wenn es sich um Lagerbestellungen handelt, und Verzögerungen eintreten, werden die Meldungen auf der Rechnung nur zur Kenntnis genommen oder auf den Bestellunterlagen vermerkt. Bei Kundenbestellungen werden diese Hindernisse anhand der Meldenummern in das Warenwirtschaftssystem eingegeben, und der Kunde wird telefonisch oder per E-Mail über die Verzögerung informiert. Es folgt eine Auflistung der standardisierten Meldenummern:

6.1.1.7 Altpapierentsorgung

Das Altpapier, das während eines Tages anfällt, wird gesammelt, zerkleinert und zusammengeschnürt. Manche Verpackungen werden auch aufgehoben für eventuelle zukünftige Remissionen. Dieses Altpapier wird dann in den zum Laden gehörigen Keller getragen und dort gesammelt. Jede zweite Woche am Dienstag wird das Altpapier von der Gemeinde abgeholt und entsorgt. Davor muss allerdings alles aus dem Keller geholt und an der Straße abgestellt werden. Die Buchhandlung LeseLust hat den Vorteil, dass Mitbewohner des Hauses diese Arbeit übernehmen.

6.1.1.8 Rechnungsweitergabe

Die bearbeiteten Rechnungen werden in das Fach für Marianne Kamm gelegt, die für die weitere Rechnungsabwicklung zuständig ist. Die Rechnungen werden nach ihrer Skontierfähigkeit sortiert. Wareneingänge, die per Lastschrift bezahlt werden, zum Beispiel die BAG-Rechnungen, kommen in die entsprechende Ablage. Die Übrigen werden je nach Fälligkeit überwiesen.

Meldenummer im Buchhandel (in Auswahl)

00 Nicht bei und – diesen Titel führen wir nicht
01 Lieferbar inerhalb 14 Tagen, Bestellung ist vorgemerkt
02 Lieferbar innerhalb 6 Wochen, Bestellung ist vorgemerkt
03 Lieferbar innerhalb 6 Monaten, Bestellung ist vorgemerkt
04 Noch nicht erschienen, Bestellung ist vorgemerkt
05 Erscheinen noch unbestimmt, Titel wird vor erscheinen
        neu angeboten
06 Vergriffen. Termin der Neuauflage unbestimmt. Titel wird vor
        Erscheinen nei angeboten
07 Vergriffen, keine Neuauflage, Bestellung abgelegt
09 Bestellung unklar, bitte mit neuen Angaben neu bestellen
10 Vorübergehend nicht lieferbar – Bestellung nicht vorgemerkt
15 Fehlt kurzfristig am Lager
17 Führen wir nicht bzw. nicht mehr
19 Ladenpreis aufgehoben. Führen wir nicht mehr
20 Noch nicht erschienen. Bestellung nicht vorgemerkt
21 Noch nicht erschienen. Erscheint laut Verlag ...
60 Wegen Indizierung nicht lieferbar
62 Titel infolge rechtlicher Auseinandersetzung zur Zeit nicht
        lieferbar – Bestellung ist vorgemerkt
68 Nur noch als Taschenbuch lieferbar – bitte neu bestellen
70 Nur noch in Leinen bzw. gebunden lieferbar
79 Im Buchhandel nicht erhältlich
80 Fehlt, da der Verlag derzeit nicht liefern kann.
81 Lieferung kann nur gegen Schulstempel erfolgen – bitte
        bestellen Sie neu
88 Konditionsänderung durch den Verlag. Führen wir nicht mehr
98 Prüfziffer ergab falsche Titelnummer – bitte neu bestellen

Abb. 3: Meldenummern im Buchhandel in Auswahl [54]

---

[54] Wirtschaftsunternehmen Sortiment. Hrsg. von K.-W. Bramann. Frankfurt am Main 2000. S. 278.

6.1.2 Bücher-Thurn

Bei Bücher-Thurn kommen nur Kundenbestellungen, die nicht über ANABEL erhältlich waren, als Verlagsbeischlüsse in der Buchhandlung an. Diese Päckchen werden dann im Packraum ausgepackt und mit Hilfe des Scanners in das Warenwirtschaftssystem eingepflegt. Die Rechnungsnummer muss manuell eingegeben werden, da die meisten Verlagsauslieferungen den elektronischen Lieferschein noch nicht in Anspruch nehmen. Der Kundenname, unter dem das Buch in das Abholfach gelegt wird, wird vom Warenwirtschaftssystem Tango angegeben. Die Rechnungen werden abgelegt und jede Woche an die Buchhaltung zur Weiterbearbeitung gegeben.

Außer den Kundenbestellungen kommen noch Schulbücher direkt von den Verlagen und nicht über ANABEL bei Bücher-Thurn an. Das liegt daran, dass das Schulbuchgeschäft speziell und regional sehr unterschiedlich ist, dass der Aufwand zu groß wäre, Schulbücher im Zentrallager aufzunehmen. Das Thema Schulbuch wird in dieser Arbeit nicht näher erläutert, da auch in der Buchhandlung LeseLust das Schulbuchgeschäft nicht berücksichtigt wurde.

6.2 Barsortimentsbezüge

6.2.1 Buchhandlung LeseLust

Vor Ladenöffnung werden von Booxpress, dem Libri-Zustelldienst, die Wannen mit den Büchern in die Buchhandlung gestellt. In den Bücherwannen befinden sich sowohl Lager- als auch Kundenbestellungen. Die Kundenbestellungen kann man zum einen daran erkennen, dass auf dem Etikett der Kundenname vermerkt ist, und zum anderen, dass auf dem Lieferschein hinter dem jeweiligen Buchtitel der dazugehörige Bestellername steht. Die Wannen werden ausgepackt und der beiliegende Lieferschein den entsprechenden Büchern zugeordnet. Jeder einzelne Titel wird nun gescannt und in das Warenwirtschaftssystem eingegeben. Wichtig ist dabei den von Tango angegebenen Preis mit dem auf dem Etikett stehenden Preis zu vergleichen.

Die Lagerbestellungen können nach der Aufnahme in Tango ins Lager geräumt werden, für Kundenbestellungen muss noch ein entsprechendes Etikett ausgedruckt werden, und erst dann kann der Buchhändler das Buch in das Abholfach stellen.

6.2.1.1 Der Lieferschein

In jeder Wanne des Barsortimentes Libri liegt ein Lieferschein bei. Auf diesem Lieferschein ist der Titel, die Anzahl, der Bruttopreis, der Nettopreis und die ISBN aller Bücher, die in dieser Wanne sind, vermerkt.[55] Jeder Titel muss gescannt werden, damit die Daten des jeweiligen Buches am Monitor erscheinen. Alle Bücher sind von Libri mit einem Etikett, das unter anderem den Scancode enthält, ausgezeichnet. Bei jeder neuen Wanne muss per Hand die Lieferscheinnummer sowie das aktuelle Datum in das Warenwirtschaftssystem Tango eingegeben werden. Weiterhin sollte der Lieferschein mit der tatsächlich gelieferten Ware abgeglichen werden, um Falsch- oder Fehllieferungen umgehend reklamieren zu können.
Der Lieferschein wird anschließend als „erledigt" abgezeichnet und chronologisch in einem Ordner abgelegt. Diese Lieferscheine werden aufbewahrt, um später Bücher remittieren zu können.

6.2.1.2 Meldenummern

Wenn Bücher nicht mitgeliefert werden, ist dies auf dem Lieferschein vermerkt. Diese Titel werden dann von Tango im Wareneingangsbereich aufgerufen und eine Bemerkung, die so genannten Meldenummern, eingegeben. Diese Eingabe erfolgt manuell. In der Buchhandlung LeseLust werden die Meldenummern nicht als Zahlenkürzel angegeben, sondern komplett ausgeschrieben, um das Lieferhindernis für alle Mitarbeiter verständlich zu machen. Die Kunden, deren Buch nicht mitgeliefert wurde, werden telefonisch benachrichtigt.

---

[55] Siehe Anhang. S. III.

6.2.2 Bücher-Thurn

Wie in der Buchhandlung LeseLust werden hier die Bücherwannen vor den Laden-
öffnungszeiten angeliefert. Bei ANABEL werden die Bücher getrennt in Kunden-
beziehungsweise Lagerbestellungen in die Wannen einsortiert. Die Wannen sind
außen entweder mit einem „A" wie Abholfach oder „L" wie Lager markiert, um dem
Buchhändler die Priorisierung zu erleichtern. Dies ist gerade in den Stoßzeiten zum
Beispiel im Weihnachtsgeschäft relevant, um den Kunden einen schnelleren und
damit besseren Service bieten zu können. Die Titel müssen auch jeweils gescannt
werden, um mit Hilfe des Strichcodes die Daten in das Warenwirtschaftssystem
Tango einzuspielen.

Sobald die Titel im Warenwirtschaftssystem eingespeist sind, können die Kundenbestellungen in das Abholfach und die Lagerbestellungen in den Verkaufsraum
geräumt werden.

6.2.2.1 Der elektronische Lieferschein

Per Datenfernübertragung wird der elektronische Lieferschein (ELS) an Bücher-
Thurn übermittelt. Durch den ELS wird der Wareneingang erleichtert und rationalisiert. Voraussetzungen für diese Anwendung sind:

a. mit dem Lieferanten muss der ELS vereinbart sein
b. die Software im Haus der Buchhandlung muss auf die Vereinbarung von
   elektronischen Lieferscheinen ausgelegt sein
c. die Kommunikation zum Lieferanten muss geregelt sein, z.B. durch Bestellung per Datenfernübertragung

Der ELS wird Bücher-Thurn von ANABEL zur Verfügung gestellt. In seinem Aufbau entspricht er dem „normalen" Lieferschein, den die Buchhandlung gemeinsam
mit der Ware erhält. Folgende Daten sind im ELS vorzufinden: Menge, Kurztitel,
Einband, Titelnummer, Meldenummer, Bestellzeichen, Bestelldatum, Ladenpreis,
Rabatt, Nettopreis und der Gesamtpreis.

ANABEL stellt direkt nach der Fakturierung aufgrund der eingegangenen Bestellungen den ELS in die Mailbox zur Abholung bereit. Über die ISDN-Leitung ruft
Bücher-Thurn ihn ab und speist ihn in das eigene System ein. Der ELS muss nur

noch bestätigt werden, danach erfolgt automatisch die bestandsmäßige Buchung der Sammelrechnung.[56]

Ein Vorteil des elektronischen Lieferscheins ist es, dass kein Abgleich zwischen dem im Tango angegebenen Preis und dem auf dem Etikett stehenden Preis erfolgen muss, da die Preise automatisch immer mit dem VLB abgeglichen werden. Natürlich liegt trotz des virtuellen Lieferscheins in jeder Wanne ein Lieferschein bei, um diesen in der Buchhandlung auch ordnungsgemäß ablegen zu können.[57]

6.2.2.2 Meldenummern

Die Titel, die nicht mitgeliefert wurden, müssen auch bei Bücher-Thurn eingegeben werden. Wenn sie durch den elektronischen Lieferschein schon im Warenwirtschaftssystem vorhanden sind, muss nur noch geprüft werden, ob die Kunden per E-Mail benachrichtigt werden sollen oder nicht.

---

[56] Vgl. F. Hinze: Beschaffung und Lagerhaltung im Sortimentsbuchhandel. Band 2. Friedrichdorf 2000. S. 15–16.

[57] Siehe Anhang S. III.

7 Die Remission

Sowohl die permanent steigende Titelanzahl als auch der Konkurrenzkampf unter den Verlagen um einen Platz im Sortiment sind Gründe für das stetige Anschwellen des Warenrückflusses. Weiterhin spielt eine Rolle, dass betriebswirtschaftliche Überlegungen auf schnell drehende Titel, kleinere Lager und konsequentere Lagerbereinigung abzielen. Der Buchhandel schickt nicht verkaufte Titel immer schneller zurück. Dies belegen die ansteigenden Remissionsquoten, wobei das nicht nur auf die ansteigende Zahl der Neuerscheinungen, sondern auch auf überhöhte, nicht dem Bedarf entsprechende Bestellmengen zurückzuführen ist.[58]

In der Verkehrsordnung ist die Remission eindeutig geregelt:

Bei einer Bestellung mit Remissionsrecht hat der Verlag bei der Lieferung den Rücksendungstermin auf der Faktur anzugeben, die Frist sollte nicht weniger als zwei Monate betragen. Mit Umtauschrecht anstelle von Remissionsrecht darf der Verlag nur nach vorheriger Zustimmung des Abnehmers liefern. Die Kosten für die Hin- und Rücksendung trägt der Abnehmer. Für eine solche reguläre Remission ist die Gutschrift in voller Höhe, also zum Nettopreis, zu erteilen.

§ 6.5 der Verkehrsordnung führt die Gründe auf, bei denen der Verlag fest gelieferte Werke innerhalb von zwei Monaten nach Lieferdatum zurückzunehmen hat und die Kosten für die Hin- und Rücksendung tragen muss: Wenn er

a. irrtümlich ein anderes als das bestellte Werk geliefert hat oder

b. die Absendung schuldhaft verzögert hat oder

c. eine ausdrücklich gestellte Lieferfrist nicht eingehalten oder sonstige Vorbehalte, z.B. Preisgrenzen, nicht berücksichtigt hat oder

d. zu einem neuen, wesentlich erhöhten Ladenpreis geliefert und die Preiserhöhung nicht ordnungsgemäß zuvor bekannt gegeben hat.

Ein geringer Warenrückfluss resultiert aus Werken, für die der Verlag den Ladenpreis aufgehoben hat. Die Modalitäten dazu regeln die Bezugsbedingungen unter § 3.6 der Verkehrsordnung.[59]

---

[58] Vgl. F. Hinze: Beschaffung und Lagerhaltung im Sortimentsbuchhandel. Band 2. Friedrichdorf 2000. S. 27–28.

[59] Verkehrsordnung § 6.1. Siehe Anhang S. I.

7.1 Buchhandlung LeseLust

In der Buchhandlung LeseLust sind zwei Arten der Remission zu unterscheiden. Zum einen die Remission an Libri und zum anderen die Remission direkt an den Verlag, beziehungsweise an die Verlagsauslieferung. An Libri werden zumeist nur beschädigte Titel oder vom Kunden nicht abgenommene Bücher remittiert. Diese Bücher werden dann in der Buchhandlung gesammelt und ab einer bestimmten Menge remittiert. Die Remittenden müssen noch aus dem Warenwirtschaftssystem ausgebucht werden, dafür muss man jeden Titel zur Erfassung scannen und die Stückzahl eingeben. Anschließend wird eine Liste mit den Remittenden ausgedruckt, um bei der nächsten Abrechnung die Gutschrift überprüfen zu können. Für Libri muss noch ein zusätzlicher Remissionsschein ausgestellt und zu den Büchern in die Wanne gelegt werden. Die Remission wird am nächsten Morgen von dem Booxpress-Fahrer mitgenommen.

Die Verlagsremittenden sind etwas aufwendiger als die Barsortimentsremittenden. Man benötigt für die Rücksendung an Verlage eine Remissionsgenehmigung, die man meistens bei den Vertretergesprächen blanko erhält. Anhand der für das Vertretergespräch ausgedruckten Listen sucht man die zu remittierenden Titel aus dem Lagerbestand heraus. Dieser Vorgang erweist sich oft als sehr zeitaufwendig. Auch hierbei muss jedes Buch gescannt und ausgebucht werden. Wieder werden Remissionslisten ausgedruckt, einmal für den Verlag und einmal zur eigenen Ablage. Die Bücher müssen noch in Paketform verpackt und mit der Verlagsadresse gekennzeichnet werden. Auch diese Pakete werden von Booxpress am nächsten Morgen transportiert.

7.2 Bücher-Thurn

Bei Bücher-Thurn wird ausschließlich an ANABEL remittiert. Diese Remission läuft wie eine ganz normale Remission von Barsortimentsbestellungen ab. Zu remittierende Titel werden zur Ausbuchung aus Tango gescannt, die jeweilige Stückzahl wird eingegeben und die Bücher in die Wannen verpackt. Ein ausgefüllter Remissionsschein mit den jeweiligen Remissionsgründen wird dem Behälter beigelegt. Booxpress übernimmt auch hier den Transport.

8 Vergleich der Buchhandlungen anhand von Zahlen

8.1 Kosten des Wareneingangs umgelegt auf das durchschnittliche Gehalt eines Buchhändlers

Im ersten Schritt muss der durchschnittliche Lohn eines Buchhändlers ermittelt werden, um eine Basis für weitere Rechnungen zu erhalten. Dabei orientiert man sich am Entgelttarifvertrag[60] für die Arbeitnehmer des Buchhandels und der Verlage in Bayern (gültig ab dem 1. April 2003). Bezugspunkt sind die Gehälter, die vom 01.01.2004 bis 31.03.2005 gültig sind, da die Untersuchungen in diesem Zeitraum stattfinden. Es gibt sechs verschiedene Gehaltsgruppen[61], die jeweils nochmals in unterschiedliche Klassen unterteilt sind. Hieraus wurde durch Aufaddierung und Division ein Durchschnittswert ermittelt.

Alle aufgeführten Gehälter aufaddiert und durch die Anzahl 19 dividiert ergeben einen durchschnittlichen Lohn von 2.199,47 Euro. Bei 13 Monatsgehältern macht dies einen Jahreslohn von 28.593,11 Euro. Um die genauen Kosten, die ein Sortimentsangestellter während des Wareneingangs verursacht, ermitteln zu können, benötigt man das Gehalt pro Sekunde eines Buchhändlers. Diese Zahlen werden wie folgt ermittelt:

Der Tageslohn bei 251[62] Arbeitstagen im Jahr: 28.593,11 : 251 = 113,92 Euro
Bei 7,5 Arbeitsstunden pro Tag: 113,92 : 7,5 = 15,19 Euro
Lohn pro Minute: 15,19 : 60 = 0,25 Euro
Lohn pro Sekunde: 0,25 : 60 = 0,0042 Euro

Bei beiden Wareneingängen vergleicht man die von 30 verschiedenen Titeln verursachten Kosten. Bei der Buchhandlung LeseLust werden die Lagerbestellungen nochmals in Barsortiments- und Verlagsbezüge aufgeteilt, da sie über beide

---

[60] Siehe Anhang S. IV–VII.
[61] Siehe Anhang S. IV.
[62] 365 Tage im Jahr minus 104 Arbeitstage (52 Wochen lang 2 Arbeitstage weniger) abzüglich durchschnittlich 10 Feiertage ergibt 251 Tage.

Bezugswege beliefert wird. Es wird von 15 Barsortimentstiteln und von 15 Verlags-titeln ausgegangen. Da Bücher-Thurn fast ausschließlich von ANABEL beliefert wird, geht man von 30 ANABEL-Titeln aus. Die genauen Zeiten werden in Se-kunden festgehalten.[63]

8.1.1 Der Wareneingang bezogen auf 30 Titel

8.1.1.1 Buchhandlung LeseLust

Zuerst zu den Zeiten der täglichen eingehenden **Kundenbestellungen**:

Datum	Zeit in Sekunden
04.11.04	469
05.11.04	430
06.11.04	682
08.11.04	741
09.11.04	424
10.11.04	180
11.11.04	461
12.11.04	385
13.11.04	385
15.11.04	317

Der durchschnittliche tägliche Wareneingang dauert bei der Buchhandlung Lese-Lust für 30 Kundenbestellungen 447,4 Sekunden (7,45 Minuten) am Tag.

---

[63]   Siehe Anhang S. VIII–XI.

Bei 251 Arbeitstagen im Jahr entspricht dies:

251 Tage x 447,4 Sekunden = 112.297,4 Sekunden im Jahr (31 Stunden 19 Minuten).

Auf den durchschnittlichen Buchhändlerlohn umgelegt bedeutet das:

112.297,4 Sekunden x 0,0042 Euro = 471,65 Euro im Jahr.

Also werden pro Jahr Kosten von 471,65 Euro nur durch die Bearbeitung von täglich 30 eingehenden Kundenbestellungen verursacht.

Nun zu den **Lagerbestellungen** jeweils auf 15 Titel bezogen:

• Barsortimentstitel

Datum	Zeit in Sekunden
04.11.04	75
05.11.04	125
06.11.04	272
08.11.04	228
09.11.04	125
10.11.04	205
11.11.04	152
12.11.04	176
13.11.04	135
15.11.04	130

Das rechnerische Mittel der Dauer des Wareneingangs der Lagerbestellungen liegt bei 162,3 Sekunden, was im Jahr 40.737,3 Sekunden ausmacht. In einem Jahr sind das elf Stunden und 32 Minuten. Diese Zeit muss nun wieder auf den Lohn umgelegt werden:

40.737,3 Sekunden x 0,0042 Euro = 171,10 Euro

• Verlagsbeischlüsse

Datum	Zeit in Sekunden
04.11.04	307
05.11.04	384
06.11.04	295
08.11.04	566
09.11.04	431
10.11.04	346
11.11.04	443
12.11.04	301
13.11.04	533
15.11.04	467

Hier liegt die durchschnittliche Zeit in Sekunden am Tag bei 407,3. Auf das Jahr gerechnet sind das 102.232,3 Sekunden, denen 28 Stunden und 40 Minuten entsprechen. Auf das Gehalt umgelegt ergibt dies:

102.232,3 Sekunden x 0,0042 Euro = 429,38 Euro.

Jetzt muss nur noch die Eingabe der Meldenummern bedacht werden, um die Personalkosten des Wareneingangs bei der Buchhandlung LeseLust zu vervollständigen. Dabei bezieht man sich immer auf die Eingabe von zehn Meldenummern.

Datum	Zeit in Sekunden
04.11.04	302
05.11.04	264
06.11.04	272
08.11.04	228
09.11.04	213
10.11.04	402
11.11.04	300
12.11.04	158
13.11.04	135
15.11.04	262

Auch hier wird wieder dasselbe Prinzip wie bei den Lagerbestellungen angewendet. Der Durchschnittswert in Sekunden beträgt 253,6, auf das Jahr gerechnet sind das schon 63.653,6 Sekunden. Dies entspricht etwas über sieben Stunden. Nun muss es wieder auf das Gehalt umgerechnet werden.

63.653,6 Sekunden x 0,0042 Euro = 267,35 Euro

Wenn man die einzelnen Posten aufaddiert, sieht es folgendermaßen aus:

Kundenbestellungen:	471,65 Euro
Lagerbestellungen Barsortiment:	171,10 Euro
Lagerbestellungen Verlagsbeischlüsse:	429,38 Euro
Meldenummern eingeben:	<u>267,35 Euro</u>
	1.339,48 Euro

Der Wareneingang kostet die Buchhandlung LeseLust für 30 Kundentitel und jeweils 15 Verlags- und Barsortimentstitel im Jahr 1.339,48 Euro.

8.1.1.2 Bücher-Thurn

Bei diesem Sortiment ist die erste Position beim Wareneingang das Abholen des elektronischen Lieferscheins.

Folgende Zeiten wurden ermittelt:

Datum	Zeit in Sekunden
14.10.04	16
15.10.04	17
16.10.04	14
18.10.04	12
19.10.04	13
20.10.04	19
21.10.04	16
22.10.04	18
23.10.04	18
25.10.04	17

Durch das Errechnen des Mittelwertes kommt man auf 16 Sekunden. Auf das Jahr hochgerechnet sind das schon 4.016 Sekunden.

Um den Wert auf das Gehalt beziehen zu können, müssen die 4.016 Sekunden mit dem Sekundenlohn multipliziert werden. Man erhält dann einen Wert von 16,87 Euro.

Kundenbestellungen:

Datum	Zeit in Sekunden
14.10.04	238
15.10.04	212
16.10.04	225
18.10.04	244
19.10.04	301
20.10.04	234
21.10.04	251
22.10.04	210
23.10.04	193
25.10.04	176

Der Durchschnittswert beträgt bei diesen Zeiten 228,4 Sekunden. Im Jahr sind das 57.328,4 Sekunden (16 Stunden 32 Minuten), was einem Wert von 240,78 Euro entspricht.

Lagerbestellungen:

Datum	Zeit in Sekunden
14.10.04	264
15.10.04	168
16.10.04	201
18.10.04	158
19.10.04	181
20.10.04	153
21.10.04	119
22.10.04	208
23.10.04	136
25.10.04	152

Durch die Aufaddierung der einzelnen Zeiten und durch das Dividieren mit der Anzahl erhält man einen Durchschnittswert von 174 Sekunden. Auf den durchschnittlichen Lohn bezogen erhält man 183,43 Euro.

Bei Bücher-Thurn müssen die Meldenummern nicht einzeln von Hand eingegeben werden, denn durch das Einspielen des elektronischen Lieferscheins liegen diese Daten schon elektronisch vor. Dennoch müssen die fehlenden Titel geprüft werden. Hier bezog man sich – wie bei der Buchhandlung LeseLust – auf zehn Meldenummern.

Dafür wurden folgende Zeiten ermittelt:

Datum	Zeit in Sekunden
14.10.04	64
15.10.04	48
16.10.04	42
18.10.04	63
19.10.04	77
20.10.04	75
21.10.04	28
22.10.04	38
23.10.04	33
25.10.04	48

Das rechnerische Mittel liegt hier bei 51,6 Sekunden, dies macht auf das Jahr gerechnet 12.951,6 Sekunden (ungefähr vier Stunden). Auf das Gehalt bezogen, erhält man einen Wert von 54,40 Euro.

Aufaddierung der einzelnen Posten:

Elektronischer Lieferschein:	16,87 Euro
Kundenbestellungen:	240,78 Euro
Lagerbestellungen:	183,43 Euro
Meldenummern eingeben:	<u>54,40 Euro</u>
	495,48 Euro

Der Wareneingang in der Buchhandlung Bücher-Thurn kostet für 30 Kundenbestellungen und 30 Lagertitel am Tag im Jahr 495,48 Euro.

8.1.2 Der Wareneingang bezogen auf den durchschnittlichen Preis eines belletristischen Buches

Dieses Rechenbeispiel soll zur Verdeutlichung dienen, um noch einmal die Unterschiede bei den Kosten im Wareneingang darzustellen. Hierbei wurde auf den durchschnittlichen Preis eines belletristischen Buches zurückgegriffen. Dieser beträgt 15,01 Euro.[64] Die Wareneingangskosten wurden auf einen belletristischen Titel umgelegt, um anschließend die Kosten bei 50 gelieferten Büchern pro Tag in einem Jahr zu erhalten.

8.1.2.1 Buchhandlung Leselust

Bei der LeseLust setzt sich die Lagerbestellung sowohl aus Libri-Titeln als auch aus Verlagsbeischlüssen zusammen. Es wurden die Zeiten für 15 Barsortimentsbücher und für 15 Verlagstitel verwendet. Die beiden Sekundenzahlen wurden addiert, um einen Gesamtwert zu erhalten.

Datum	Libri in Sekunden	Verlagsbeischlüsse in Sekunden	Gesamt in Sekunden
04.11.04	75	307	382
05.11.04	125	384	509
06.11.04	272	295	567
08.11.04	228	566	794
09.11.04	125	431	556
10.11.04	205	346	551
11.11.04	152	443	595
12.11.04	176	301	477
13.11.04	135	533	668
15.11.04	130	467	597
Gesamt			5696

---

[64] Buch und Buchhandel in Zahlen 2004. Frankfurt am Main 2003. S. 51.

Die Gesamtzahl von 5.696 Sekunden muss durch die Anzahl der Tage geteilt werden, um die durchschnittliche Sekundenzahl zu erhalten: diese entspricht 596,6 Sekunden.

Um nun die Zeit pro Buch zu bekommen, müssen die 596,6 Sekunden durch die Anzahl der 30 Titel geteilt werden. Sie beträgt 19,39 Sekunden.

Anschließend wird diese Zeit wieder auf den durchschnittlichen Buchhändlerlohn umgelegt:

19,39 Sekunden x 0,0042 Euro = 0,08 Euro pro Buch

Somit kostet das Buch den Sortimenter nicht mehr nur 15,01 Euro, sondern aufaddiert 15,09 Euro.

Man kann jetzt weiterhin annehmen, dass man für circa 50 belletristische Bücher pro Tag den Wareneingang macht:

50 Titel x 0,08 Euro = 4 Euro am Tag

Für ein Jahr mit 251 Arbeitstagen wären das dann schon 1.004 Euro.

Die Rechnungen folgen ab nun demselben Prinzip wie oben beschrieben.

• **Nur Libri-Lagerbestellungen:**

Der Durchschnittswert der Sekunden für die Lagerbestellungen wurde von Seite 64 übernommen.

Durchschnittliche Sekunden: 162,3

162,3 Sekunden : 15 Titel = 10,82

10,82 Sekunden x 0,0042 Euro = 0,045 Euro

15,01 Euro + 0,045 Euro = 15,05 Euro pro Buch

50 belletristische Bücher pro Tag:

50 Titel x 0,045 Euro = 2,25 Euro pro Tag

Im Jahr:

2,25 Euro x 251 Tage = 564,75 Euro

• **Nur Verlagsbestellungen:**

Auch bei den Verlagsbestellungen wurde der Sekundenmittelwert von Seite 65 übernommen.

Durchschnittliche Sekunden: 407,3

407,3 Sekunden : 15 Bücher = 27,15 Sekunden

27,15 Sekunden x 0,0042 Euro = 0,11 Euro

15,01 Euro + 0,11 = 15,12 Euro pro Buch

50 belletristische Bücher pro Tag:

50 Titel x 0,11 Euro = 5,5 Euro pro Tag

Im Jahr:

5,5 Euro x 251 Tage = 1380,50 Euro

8.1.2.2 Bücher-Thurn

Bei Bücher-Thurn gibt es keine Aufspaltung in Barsortiments- und Direktbezüge. Um den Wareneingang jedoch tätigen zu können, muss der elektronische Lieferschein abgerufen werden. Deshalb werden in der folgenden Tabelle die Zeiten für den Abruf und die Zeiten für den Wareneingang addiert.

Datum	ELS in Sekunden	Lagerbestellungen in Sekunden	Gesamt
14.10.04	16	264	280
15.10.04	17	168	185
16.10.04	14	201	215
18.10.04	12	158	170
19.10.04	13	181	194
20.10.04	19	153	172
21.10.04	16	119	135
22.10.04	18	208	226
23.10.04	18	136	154
25.10.04	17	152	169
Gesamt			1900

1.900 Sekunden : 10 Tage = 190 Sekunden
190 Sekunden : 30 Titel = 6,3 Sekunden pro Buch
6,3 Sekunden x 0,0042 Euro = 0,026 Euro
15,01 Euro + 0,026 Euro = 15,04 Euro pro Buch
Bei 50 belletristischen Büchern pro Tag:
50 Titel x 0,026 Euro = 1,3 Euro am Tag
Im Jahr: 1,3 Euro x 251 = 326,3 Euro

8.1.3 Der Wareneingang normiert auf ein Einkaufsvolumen von 100.000 Euro

Um den Unterschied prägnanter darzustellen, wird das Einkaufsvolumen für die Lagerbestellungen der beiden Buchhandlungen nun auf 100.000 Euro normiert. Bei der Buchhandlung LeseLust ist zu beachten, dass sich die Lagerbestellungen aus Barsortiments- und Direktbezügen zusammensetzen. Das Verhältnis dieser beiden Bezüge zueinander wird üblicherweise auf 30 zu 70 Prozent[65] geschätzt. Das bedeutet ein Einkaufsvolumen von 30.000 Euro beim Barsortiment und ein Einkaufsvolumen von 70.000 Euro direkt bei den Verlagen. Ebenfalls wird für diese Rechnungen wieder der Durchschnittspreis von 15,01 Euro pro Buch vorausgesetzt.

• **Buchhandlung LeseLust**
Einkaufsvolumen 30.000 beim Barsortiment:

30.000 Euro : 15,01 Euro pro Buch = 1.999 Bücher
1.999 Bücher : 15 Bücher[66] = 133,27
133,27 x 162,3 durchschnittliche Sekunden[67] = 21.629,72 Sekunden
21.629,72 Sekunden x 0,0042 Euro = 90,84 Euro

---

[65] Buch und Buchhandel in Zahlen 2004. Frankfurt am Main 2003. S. 38.
[66] Für 15 Titel wird im Punkt 8.1.1.1 die Sekundenanzahl ermittelt.
[67] Ermittlung der Sekundenzahl in Punkt 8.1.1.1.

Einkaufsvolumen 70.000 Euro beim Verlag

70.000 Euro : 15,01 Euro pro Buch = 4.664 Bücher
4.664 Bücher : 15 Bücher = 310,93
310,93 x 407,3 durchschnittliche Sekunden[68] = 126.641,79 Sekunden
126.641,79 Sekunden x 0,0042 Euro = 531,90 Euro

Insgesamt sind das für die Buchhandlung LeseLust bei einem Einkaufsvolumen von 100.000 Euro Kosten in Höhe von 622,74 Euro.

• **Bücher-Thurn**
Einkaufsvolumen von 100.000 Euro bei ANABEL

100.000 Euro : 15,01 Euro pro Buch = 6.663 Bücher
6.663 Bücher : 30 Titel[69] = 222,1
222,1 x 174 durchschnittliche Sekunden[70] = 38645,4 Sekunden im Jahr
38645,4 Sekunden x 0,0042 Euro = 162,31 Euro

Bücher-Thurn weist bei einem Einkaufsvolumen von 100.000 Euro insgesamt nur 162,31 Euro Lohnkosten auf.

---

[68] Ermittlung der Sekundenzahl in Punkt 8.1.1.1.
[69] Für 30 Titel wird im Punkt 8.1.1.2 die Sekundenzahl ermittelt.
[70] Ermittlung der Sekundenzahl in Punkt 8.1.1.2.

8.2 Vergleich der BOOXpress Avise nach Paketanzahl und -gewicht

Um diesen Vergleich machen zu können, wurden in beiden Buchhandlungen die Avise von dem gleichen Zeitraum (18.11.04–03.12.04) gesammelt.[71] Auf den Avisen ist sowohl die Anzahl der gelieferten Pakete als auch das Gewicht vermerkt. Somit hat man den direkten Vergleich, welche Buchhandlung mehr Pakete geliefert bekommt. Das Gewicht der einzelnen Pakete schlägt sich auf die Kosten des jeweiligen Unternehmens nieder.

Die Libri-Transportgebühren für Verlagsbeischlüsse sehen folgendermaßen aus:

Gewicht	Gebühr je Paket in €
Bis 1 kg	1,35
Bis 5 kg	2,45
Bis 10 kg	2,70
Bis 15 kg	3,20
Bis 20 kg	3,50
Bis 30 kg	4,50
Bis 50 kg	8,00

Abb: Libri-Transportgebühren für Verlagsbeischlüsse ab 01.04.2003 [72]

ANABEL hat die gleiche Gebührenstaffel wie Libri bei den Verlagsbeischlüssen.

---

[71] Siehe Anhang S. XII–XIV.

[72] Hardt, Woerner: Barsortimente: Die aktuellen Leistungen, Kosten und Entwicklungen. S. 17. In: http://hardt-woerner.de am 01.02.2005.

8.2.1 Buchhandlung LeseLust

Datum	Paketanzahl
18.11.04	7
19.11.04	-
20.11.04	1
22.11.04	-
23.11.04	4
24.11.04	3
25.11.04	3
26.11.04	3

Datum	Paketanzahl
27.11.04	3
29.11.04	-
30.11.04	2
01.12.04	2
02.12.04	1
03.12.04	2
Gesamt	31

Durchschnittlich bekommt also die Buchhandlung LeseLust 2,21 Pakete pro Tag.

Nun wird das durchschnittliche Gewicht eines Paketes berechnet:

Datum	Paketgewichte in Kilogramm
18.11.04	42,4
19.11.04	-
20.11.04	12,8
22.11.04	-
23.11.04	22,56
24.11.04	10,74
25.11.04	16,45
26.11.04	13,01
27.11.04	6,35
29.11.04	-
30.11.04	8,12
01.12.04	14,55
02.12.04	0,6
03.12.04	12,10
Gesamt	159,68

Durchschnittliches Paketgewicht:

159,68 kg : 31 Pakete = 5,15 kg pro Paket

Gebühr für das Paket laut Libri-Transportgebühren[73]:

2,70 Euro

---

[73] Siehe S. 59.

8.2.2 Bücher-Thurn

Datum	Paketanzahl
18.11.04	-
19.11.04	1
20.11.04	1
22.11.04	-
23.11.04	2
24.11.04	-
25.11.04	-
26.11.04	-
Datum	Paketanzahl
27.11.04	-
29.11.04	-
30.11.04	-
01.12.04	1
02.12.04	-
03.12.04	-
Gesamt	5

Durchschnittliche Paketanzahl:
5 Pakete : 14 Tage = 0,35 Pakete pro Tag

Datum	Paketgewichte in Kilogramm
18.11.04	-
19.11.04	0,72
20.11.04	0,85
22.11.04	-
23.11.04	1,1
24.11.04	-
25.11.04	-
26.11.04	-
27.11.04	-
29.11.04	-
30.11.04	-
01.12.04	0,66
02.12.04	-
03.12.04	-
Gesamt	3,33

Durchschnittliches Gewicht pro Paket:

3,33 kg : 5 Pakete = 0,66 kg

Gebühr für das Paket 1,35 Euro

Rechnet man diese Werte auf das Jahr hoch, geht man jetzt von 303[74] Arbeitstagen aus, da nun die Lohnkosten wegfallen und die Arbeitstage im Sortiment im Mittelpunkt stehen.

Die Ergebnisse sehen folgendermaßen aus:

Buchhandlung LeseLust:

2,21 Pakete pro Tag x 303 Tage = 669,63 Pakete im Jahr

669,63 Pakete x 2,70 Euro = 1.808 Euro Transportgebühren im Jahr

---

[74] 365 Tage im Jahr minus 52 Sonntage und abzüglich durchschnittlich 10 Feiertage = 303 Arbeitstage

Bücher-Thurn:

0,35 Pakete pro Tag x 303 Tage = 106,05 Pakete im Jahr

106,05 Pakete x 1,35 Euro = 143,16 Euro Transportgebühren im Jahr

8.3 Prozentualer Vergleich des Rechnungsaufwandes

Der Monat September 2004 wurde als Grundlage für diesen Vergleich gewählt. Es wurden alle Rechnungen[75], die direkt von den Verlagen in diesem Monat an die Buchhandlungen gingen, aufaddiert und gezählt. Nicht dabei berücksichtigt wurde zum einen das Schulbuchgeschäft und zum anderen das Kalendergeschäft, da diese Warengruppen bei beiden Sortimenten direkt von den Verlagen bezogen werden. In den Rechnungen enthalten sind sowohl die Lager- als auch die Kundenbestellungen.

Die Buchhandlung LeseLust erhält insgesamt 142 Rechnungen, die einen Gesamtwert von 16.881,61 Euro ausmachen. Dies macht einen Durchschnittsrechnungswert im September von 118,88 Euro.

Bei Bücher-Thurn sind es 117 Rechnungen mit einem Gesamtwert von 7.486,97 Euro. Der durchschnittliche Rechnungswert beträgt hier 63,99 Euro.

Die Zahlen sind mit dieser Darstellung aber noch nicht aussagekräftig genug, da durch die unterschiedlichen Jahresumsätze der Buchhandlungen natürlich auch verschiedene Einkaufsvolumen herrschen. Die Daten müssen also mit den Jahresumsätzen in Bezug gesetzt werden, um eine Vergleichsbasis zu erhalten.

Wenn die LeseLust 2004 einen angenommenen Jahresumsatz von 350.000 Euro aufweist, entsprechen die 16.881,61 Euro etwa 4,82 Prozent. Bücher-Thurn hat 2004 einen Umsatz von 1.050.000 Euro und damit nehmen die 7.486,97 Euro 0,71 Prozent davon ein.

Nun kann man die Rechnungssumme auf einen gleichen Umsatz hin berechnen. Dafür nehmen wir einen Umsatz von 100.000 Euro an und werden die

---

[75] Beispielhafte Abbildungen siehe Anhang S. XIV.–XVI.

Rechnungssummen diesem entsprechend anpassen. Folgende Rechnungen sind dazu notwendig:

Angenommener Umsatz der **Buchhandlung LeseLust** normiert auf 100.000 Euro:

350.000 Euro : X = 100.000 Euro

X = 3,5

Diesen Wert muss man in Bezug zu der Gesamtrechnungssumme im September setzen:

16.881,61 Euro : 3,5 = 4823,32 Euro

Die LeseLust hat demnach auf 100.000 Euro umgerechnet ein Rechnungsvolumen von 4.823,32 Euro im September.

Umsatz von **Bücher-Thurn** umgelegt auf 100.000 Euro:

1.050.000 Euro : X = 100.000 Euro

X = 10,5

Dieser Wert wird wiederum in Bezug zur Gesamtrechnungssumme im September gesetzt:

7.486,97 Euro : 10,5 = 713,04 Euro

Bücher-Thurn hat auf 100.000 Euro umgerechnet ein Rechnungsvolumen von 713,04 Euro im September.

8.4 Weitere Abläufe im Tagesgeschäft

8.4.1 Die Remissionen

Verlagsremissionen bei der Buchhandlung LeseLust:

Verlag	Minuten	Sekunden
dtv	62,24	3.744
Lübbe	34,42	2.082
Oetinger	52,18	3.138
Hanser	43,55	2.635
Diogenes	56,48	3.408
Stark	22,27	1.347
Random House	67,32	4.052
C.H. Beck	32,48	1.968

Aufaddiert macht das eine Gesamtsumme von 22.374 Sekunden.
Dividiert man diese durch die acht Verlage bekommt man eine durchschnittliche Remissionszeit von 2.796,75 Sekunden (ungefähr 47 Minuten).
Auf die Lohnkosten berechnet erhält man folgendes Ergebnis:
2.796,75 x 0,0042 Euro = 11,75 Euro pro Remission
Bei 20 Remissionen entspricht dies bereits 234,93 Euro.

Verlagsremissionen werden von Bücher-Thurn überhaupt nicht mehr getätigt, da sie ausschließlich von ANABEL beziehen und direkte Kundenbestellungen meistens nicht an die Verlage remittiert werden dürfen. Somit fallen bei Bücher-Thurn nur Remissionen an ANABEL an, die genauso viel oder wenig Zeit in Anspruch nehmen wie Remissionen an das Barsortiment. Da Bücher-Thurn ebenfalls wie die Buchhandlung LeseLust fast nur beschädigte oder nicht vom Kunden abgenommene Titel an ANABEL beziehungsweise Libri remittiert, kann man hierbei keine Unterschiede feststellen. Für das Lager kann man die Titel bei ANABEL in Kleinstmengen abnehmen und geht somit fast kein Abverkaufsrisiko ein. Das Remissionsverfahren an diese Händler ist das gleiche und bedarf folglich keiner genaueren Untersuchung.

8.4.2 Die Altpapierentsorgung

Bei der Altpapierentsorgung ist es schwierig einen genauen Vergleich zu ermitteln, weil die Gebührenerhebung bei der Entsorgung sehr differenziert. In der Gemeinde Gilching werden die Müllgebühren einmal im Jahr als Pauschale erhoben und dabei sind der Biosack, die gelben Säcke und das Altpapier enthalten. In Mindelheim hingegen ist jeder Bürger selbst für seine Altpapierentsorgung verantwortlich. Man kann deshalb keinen genauen Wert für die Altpapierentsorgung festmachen. Es besteht aber die Möglichkeit, die unterschiedlichen Zeiten der Altpapierentsorgung zu vergleichen.

Buchhandlung LeseLust:
Es wird ein Mal am Tag das Verpackungsmaterial verschnürt und in den Keller getragen. Dafür werden folgende Zeiten benötigt:

Datum	Zeit in Sekunden
04.11.04	323
05.11.04	492
06.11.04	224
08.11.04	362
09.11.04	324
10.11.04	238
11.11.04	402
12.11.04	285
13.11.04	322
15.11.04	268

Der durchschnittliche Sekundenwert beträgt am Tag:
3240 Sekunden : 10 Tage = 324 Sekunden

Bei Bücher-Thurn muss das Altpapier mittlerweile lediglich ein Mal im Monat (vor ANABEL war es jede Woche) zum Wertstoffhof gefahren werden; bis dahin wird es in der Buchhandlung aufgehoben. Diese Fahrt und das Be- und Entladen dauert jedes Mal ungefähr eine halbe Stunde. Teilt man nun diese halbe Stunde durch die Anzahl der monatlichen Arbeitstage, kommt man auf einen Wert von 1,25 Minuten. Diese umgerechneten 85 Sekunden müssen nun zu den benötigten Entsorgungszeiten in der Buchhandlung hinzuaddiert werden, um einen aussagekräftigen Wert zu erhalten.

Datum	Fahrt zum Wertstoffhof in Sekunden	Entsorgung in der Buchhandlung in Sekunden	Gesamt
14.10.04	85	35	120
15.10.04	85	-	85
16.10.04	85	97	182
18.10.04	85	45	130
19.10.04	85	-	85
20.10.04	85	-	85
21.10.04	85	54	139
22.10.04	85	87	172
23.10.04	85	36	121
25.10.04	85	-	85

Das rechnerische Mittel liegt bei Bücher-Thurn für die Altpapierentsorgung bei 120,4 Sekunden.

8.5 Zusammenfassung der Ergebnisse

Die Ergebnisse der vorhergehenden Rechnungen werden nun zueinander in Bezug gesetzt und miteinander verglichen, um dann eine endgültige Aussage zu den verschiedenen Bezugssystemen machen zu können.

Wenn man sich noch einmal die Wareneingangskosten der beiden Buchhandlungen ansieht, kommt man zu folgendem Ergebnis:

Bücher-Thurn	Euro
Kundenbestellung	240,78
Lagerbestellung	183,43
ELS	16,87
Meldenummern	54,40
	495,48

LeseLust	Euro
Kundenbestellung	471,65
Lagerbestellung Libri	171,10
Lagerbestellung Verlage	429,38
Meldenummern	267,35
	1.339,48

Bücher-Thurn hat für die gleiche Anzahl an Büchern 844 Euro weniger Kosten als die Buchhandlung LeseLust: Dies entspricht circa 63 Prozent an Kosteneinsparungen. Besonders herausstechend ist der Unterschied bei den Lagerbestellungen. Die LeseLust hat Personalkosten in Höhe von 600,48 Euro sowohl für Libri- als auch für die Verlagslagerbestellungen. Bücher-Thurn hingegen kann nur einen Wert von 183,43 Euro geltend machen. Das bedeutet, dass Bücher-Thurn 69,45 Prozent weniger Kosten bei den Lagerbestellungen zu verzeichnen hat. Daraus lässt sich folgern, dass die Mitarbeiter in Mindelheim täglich 6,5 Minuten mehr Zeit für Kundengespräche haben als die Gilchinger Mitarbeiter. Auf das Jahr hochgerechnet sind das 21 Stunden mehr Zeit für die Kunden. Dieser Unterschied bei den Lagerbestellungen ist vor allem auf die Rechnungskontrolle zurückzuführen. Bei den Bestellungen direkt beim Verlag ist die Fehlerquote auf den Rechnungen weitaus höher als die Fehlerquote auf den Barsortimentsrechnungen. In diesem Falle wird nun ganz bewusst der Begriff Barsortiment genutzt, da ANABEL die gleiche Logistik und somit Rechnungsabwicklungssoftware wie Libri benützt.

Des Weiteren wurde untersucht, wie viel Zeit man bei ANABEL beziehungsweise bei Libri und der Verlagsauslieferung für das einzelne Buch im Wareneingang braucht.

Die Ergebnisse sehen folgendermaßen aus:

LeseLust	
Sekunden pro Buch	19,39
Cent pro Buch	0,08
Eurowert für 50 Bücher am Tag pro Jahr	1.004
Bücher-Thurn	
Sekunden pro Buch	6,3
Cent pro Buch	0,026
Eurowert für 50 Bücher am Tag pro Jahr	326,3

Diese Zahlen, in Prozent umgerechnet, ergeben, dass die Buchhandlung LeseLust im Jahr für einen Wareneingang von 50 Titeln an Lagerbestellungen 67,5 Prozent mehr Personalkosten hat als Bücher-Thurn. In Euro ausgedrückt sind das 677,70 Euro Mehrkosten.

Anschließend wurden die Paketmengen und Paketgewichte der beiden exemplarischen Buchhandlungen analysiert.

LeseLust	
Durchschnittl. Paketanzahl	2,21
Durchschnittl. Paketgewicht	5,15 kg
Thurn	
Durchschnittl. Paketanzahl	0,35
Durchschnittl. Paketgewicht	0,66 kg

Hier wird deutlich, dass Bücher-Thurn zwar auch Pakete noch zusätzlich zu den ANABEL-Wannen erhält, diese aber sehr leicht sind. Das hängt damit zusammen, dass Bücher-Thurn hauptsächlich einzelne Kundentitel direkt von den Verlagen bekommt, und die Buchhandlung LeseLust mit sowohl Novitäten als auch Backlisttiteln für das Lager von den Verlagen beliefert wird.

Anschließend wurde in dieser Arbeit der Rechnungsaufwand untersucht. Folgendermaßen sehen die Ergebnisse aus:

LeseLust	
Anzahl der Rechnungen	142
Rechnungssumme September in Euro	16.881,61
Rechnungssumme auf 100.000 Euro Umsatz	4.823,32
Thurn	
Anzahl der Rechnungen	117
Rechnungssumme September in Euro	7.486,97
Rechnungssumme auf 100.000 Euro Umsatz	713,04

Bei der Anzahl der Rechnungen ist die Differenz nicht so erheblich wie bei den Wareneingangskosten, allerdings muss man hierbei berücksichtigen, wie unterschiedlich der Umsatz und die Quadratmeterzahl der beiden Buchhandlungen sind. Die Anzahl der Kundenbestellungen direkt an die Verlage muss demnach proportional bei Bücher-Thurn auch größer sein. Wenn man aber die Rechnungssummen im September betrachtet, ist der Unterschied in Anbetracht der Tatsache, dass die Buchhandlung LeseLust die um fast die Hälfte kleinere Buchhandlung ist, dennoch sehr aussagekräftig.

Um das Mindelheimer als auch das Gilchinger Sortiment bezüglich des Rechnungsaufwandes genauer vergleichen zu können, wurden die Rechnungssummen auf 100.000 Euro normiert. Nun kann man erkennen, dass 4.110,28 Euro weniger Rechnungskosten bei Bücher-Thurn entstanden sind. Dies entspricht 85,22 Prozent weniger Kosten.

Weiterhin wurde das Thema der Remittenden betrachtet. Da Bücher-Thurn keine

Remittenden direkt an den Verlag remittieren muss, entsteht bei der Buchhandlung LeseLust ein Mehraufwand von 15,38 Euro im Durchschnitt für versandte Remissionen. Für eine Remission braucht das Gilchinger Sortiment im Durchschnitt 47 Minuten. Diese Zeit kann in Mindelheim sinnvoll für Kundengespräche eingesetzt werden.

Zum Abschluss wurde die Thematik des Altpapiers untersucht, wobei es sich als schwierig erweist, ein Resultat an Kosten festzumachen, da die Altpapierentsorgung von Landkreis zu Landkreis unterschiedlich geregelt ist. Es konnte nur der zeitliche Aspekt berücksichtigt werden, obwohl man feststellen muss, dass die beiden Systeme der Altpapierentsorgung dennoch nicht direkt vergleichbar sind. Die Buchhandlung LeseLust ist mit ihrer Art der Entsorgung 17 Stunden und 46 Minuten im Jahr beschäftigt, wohingegen Bücher-Thurn im selben Zeitraum lediglich 6 Stunden und 48 Minuten braucht. Das macht einen Unterschied von 11 Stunden und 38 Minuten.

Abschließend kann man feststellen, dass die Buchhandlung, die ANABEL angeschlossen ist, in allen untersuchten Punkten bessere Ergebnisse aufweist beziehungsweise rentabler ist, als die Buchhandlung, die die herkömmlichen Bezugswege nutzt.

9 Literaturverzeichnis

Bez, Thomas: ABC des Zwischenbuchhandels. Börsenblatt. 20. 12. März 2002.

Bez, Thomas: Genossenschaft: Flop oder Chance? Teil I. In: BuchMarkt. Januar 1999.

Bez, Thomas: Genossenschaft: Flop oder Chance? Teil III. In: BuchMarkt. März 1999.

Bez, Thomas: Die Zukunft der Buchdistribution. In: BuchMarkt. September 2001.

Bez, Thomas: Die Zukunft der Buchdistribution. Zweiter Teil. In: BuchMarkt. Oktober 2001.

Buch und Buchhandel in Zahlen 2004. Frankfurt am Main, Börsenverein des deutschen Buchhandels e.V. 2003.

Buch über Libri. 75 Jahre Bücher bewegen. Hrsg. I. Heuer, Dr. M. Conrad. Libri 2003.

Dorner, Luscha: Interview mit Herby Thurn. Ehrgeizige Ziele. In: Börsenblatt. 70-2000.

Fuhrmann, Sibylle: Kleinere Pakete. In: Börsenblatt. 22-2003.

Hardt, Gabriele, Woerner Jochen: Barsortimente: Die aktuellen Leistungen, Kosten und Entwicklungen. In http://hardt-woerner.de am 01.02.2005.

Hinze, Franz: Beschaffung und Lagerhaltung im Sortimentsbuchhandel. Band 1. Friedrichdorf 2000.

Hinze, Franz: Beschaffung und Lagerhaltung im Sortimentsbuchhandel. Band 2. Friedrichdorf 2000.

http://www.media-control.de am 28.02.2005.

Kahlenfeld, Nils: Kampf den Kleinsendungen. In: Börsenblatt. 36-2000.

Lawine gestoppt? In: Buchmarkt. März 2000.

Meixner, B: Die Progressiven der Branche. In: Buchmarkt. Juni 2000.

Mauer, Regina: Rentabler Schulterschluss. In: Börsenblatt. 9-2004.

Meyer-Arlt, Regine: Netzwerker sparen. In: Börsenblatt 2-2003.

Ribaux, Louis: Betriebslehre des Sortimentsbuchhandels. Frauenfeld und Stuttgart 1980.

Sortiments- und Verlagskunde. Hrsg. von K.-W. Bramann. Frankfurt am Main 1999.

Wirtschaftsunternehmen Sortiment. Hrsg. von Klaus Bramann. Frankfurt am Main 2000.

10 Anhang

Verkehrsordnung für den Buchhandel

§ 6 Remission

1. Liefert der Verlag entsprechend einer Bestellung Werke mit Remissionsrecht (RR), so hat er auf der Rechnung den Termin anzugeben, bis zu welchem er die Rücksendung gestattet; diese Frist soll in der Regel nicht weniger als zwei Monate betragen. Der vereinbarte Termin ist einzuhalten. Entscheidend ist das Absendedatum. Mit Umtauschrecht anstelle von RR darf der Verlag nur nach vorheriger Zustimmung des Abnehmers liefern. Die Gutschrift für die Rücksendung ist in voller Höhe zu erteilen.

2. Bei Rücksendung aus Festbezügen gilt folgendes:

   a) Rücksendungen aus Festbezügen sind nur nach vorheriger Genehmigung oder im Rahmen von Sondervereinbarungen zulässig.

   b) Genehmigte Remittenden sind im verlagsneuen Zustand innerhalb von vier Wochen abzusenden. Gefahr und Transportkosten gehen zu Lasten des Abnehmers. Bearbeitungsgebühren oder Rabattkürzungen seitens des Verlages sind nur nach ausdrücklicher vorheriger Vereinbarung zulässig.

   c) Beanstandungen müssen unverzüglich, spätestens jedoch innerhalb von vier Wochen, gegenüber dem Abnehmer geltend gemacht werden.

3. Das Fehlen der Originalverpackung berechtigt den Verlag nicht, Rücksendungen zurückzuweisen, wenn ihr sonstiger Zustand einwandfrei ist. Er kann aber in solchem Fall die Selbstkosten für die fehlende Originalverpackung fordern.

4. Der Verlag ist zur Rücknahme fest bestellter Werke nur in den in diesem Paragraphen und in den §§ 5,8, 9, 11, 12 und 13 aufgeführten Fällen verpflichtet. Bei genehmigter Rücknahme oder genehmigtem Umtausch infolge irrtümlicher Bestellung trägt der Abnehmer die Kosten für Hin- und Rücksendung. Der Verlag ist berechtigt, zum Ausgleich seiner innerbetrieblichen Kosten eine angemessene Bearbeitungsgebühr zu verlangen.

5. Der Verlag ist verpflichtet, das Gelieferte innerhalb von zwei Monaten vom Tag der Lieferung an zurückzunehmen und die Kosten für Hin- und Rücksendung zu tragen, wenn er entweder:

   a) irrtümlich fest ein anderes als das bestellte Werk geliefert hat oder

   b) die Absendung schuldhaft verzögert hat oder

   c) eine ausdrücklich gestellte Lieferfrist nicht eingehalten oder sonstige Vorbehalte, z. B. Preisgrenzen, nicht berücksichtigt hat oder

   d) zu einem neuen, wesentlich erhöhten Ladenpreis geliefert und die Preiserhöhung nicht ordnungsgemäß zuvor bekannt gegeben hat.

In den Fällen a) -d) kann der Abnehmer binnen vier Wochen nach Eingang der Sendung Rücknahme verlangen. Er hat nur Anspruch auf Aufhebung der Bestellung und Rücknahme der Lieferung, kann jedoch zum Ausgleich seiner innerbetrieblichen Kosten eine angemessene Bearbeitungsgebühr verlangen.

§ 10 Inhalt und Gewicht der Sendung

1. Der Inhalt einer Sendung gilt als mit der Rechnung übereinstimmend, falls der Abnehmer dem Absender nicht spätestens innerhalb von 14 Tagen nach Eingang der Sendung die Abweichung anzeigt.
2. Die einzelnen Packstücke sollen ein Gewicht von 15 kg nicht überschreiten.

§ 15 Versandkosten

1. Die Kosten für Zusendung und Rücksendung trägt der Abnehmer, wenn der Versand nach seiner Vorschrift erfolgt ist; andernfalls hat der Verlag nachweisbare Mehrkosten zu tragen.
2. Für Rücksendungen infolge irrtümlicher oder vorschriftswidriger Versendung trägt der schuldige Teil die Kosten einschließlich angemessener Bearbeitungskosten gem. § 6 Ziff. 4.

II

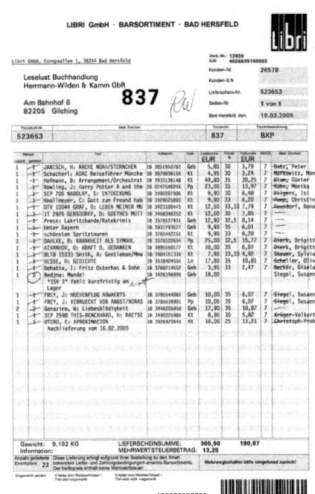

Arbeitgeberverband der Verlage und Buchhandlungen in Bayern e. V. ,
Grafinger Str. 31, 81671 München

Entgelttarifvertrag
für die Arbeitnehmer des Buchhandels und der Verlage in Bayern
Gültig ab 1. April 2003
Vom 30.09.2003 mit ver.di

Zwischen dem
Arbeitgeberverband der Verlage und Buchhandlungen in Bayern e. V. ,
Grafinger Str. 31, 81671 München

und

ver.di – Vereinte Dienstleistungsgewerkschaft e. V.,
Landesbezirk Bayern, Schwanthalerstr. 64, 80336 München

wird folgender Entgelttarifvertrag abgeschlossen:

§ 1 Geltungsbereich

Dieser Tarif gilt

1. räumlich:
für das Land Bayern;

2. fachlich:
für alle Unternehmen des herstellenden und verbreitenden Buchhandels;
für Unternehmen des Bahnhofs- und Flughafenbuchhandels und andere ähnlich gelagerte
Betriebe für deren buchhändlerisch tätige Arbeitnehmer;
für Unternehmen des Zwischenbuchhandels, sofern sie zum Zeitpunkt des Inkrafttretens
dieses Tarifvertrages nicht anderweitig gebunden sind und an dieser tariflichen Bindung
festhalten wollen;

3. persönlich:
für alle Arbeitnehmer und Auszubildenden, ausgenommen die in § 5 Absatz 3 und 4 Be-
triebsverfassungsgesetz genannten Personen.

§ 2 Tarifgruppen

Die Eingruppierung in die Tarifgruppen ist gemäß § 8 des Manteltarifvertrages (vom 1.
März 1997) vorzunehmen.

Gruppe I
Einfache Tätigkeiten, die nach Arbeitsanweisung ausgeführt werden und nur Fertigkeiten
erfordern, die in der Regel durch Einweisung erworben werden.

Gruppe II
Tätigkeiten, die im Rahmen genauer Anweisungen ausgeführt werden.

IV

Voraussetzung sind durch eine abgeschlossene Berufsausbildung vermittelte Grundkenntnisse oder gleichwertige, auf andere Weise angeeignete berufsbezogene Kenntnisse und Fähigkeiten, die auch durch Erfahrung erworben werden konnten.

Gruppe III
Tätigkeiten, die im Rahmen allgemeiner Anweisungen ausgeführt werden.
Voraussetzung sind erweiterte Kenntnisse und Qualifikationen, wie sie in der Regel durch eine abgeschlossene Berufsausbildung oder durch ergänzende berufsbezogene Weiterbildung oder Berufserfahrung oder durch Aneignung zusätzlicher Kenntnisse im jeweiligen Sachgebiet erworben werden.

Gruppe IV
Tätigkeiten, die weitgehend selbstständig ausgeführt werden.
Voraussetzung sind entweder umfassende bzw. spezielle Kenntnisse oder die Betreuung eines wesentlichen, eigenständigen Aufgabengebietes oder die fachliche Führung einer Arbeitsgruppe.

Gruppe V
Tätigkeiten, die selbstständig ausgeführt werden.
Voraussetzung sind eine erhöhte Qualifikation im Rahmen des Aufgabenbereiches, auch in der fachlichen Führung einer Arbeitsgruppe, oder wissenschaftliche Fachkenntnisse.

Gruppe VI
Tätigkeiten, die besondere Anforderungen an die Selbstständigkeit stellen.
Voraussetzung sind entweder umfangreiche Spezial- bzw. Branchenkenntnisse oder in der Berufspraxis nachgewiesene wissenschaftliche Befähigung oder ein hohes Maß an Verantwortung in einem übergeordneten Aufgabenbereich.

§ 3 Entgelttabelle

Nachfolgende Erhöhung tritt mit Wirkung vom 01.04 2003 in Kraft:

	01.04.2003 – 31.12.2003	01.01.2004 – 31.03.2005
	Euro	Euro
Gruppe I ab dem 1. Tätigkeitsjahr	1.478	1.499
ab dem 2. Tätigkeitsjahr	1.564	1.586
Gruppe II ab dem 1. Tätigkeitsjahr	1.620	1.643
ab dem 2. Tätigkeitsjahr	1.735	1.759
ab dem 3. Tätigkeitsjahr	1.853	1.879
Gruppe III ab dem 1. Tätigkeitsjahr	1.674	1.697
ab dem 2. Tätigkeitsjahr	1.787	1.812
ab dem 3. Tätigkeitsjahr	1.901	1.928
ab dem 4. Tätigkeitsjahr	2.030	2.058
ab dem 5. Tätigkeitsjahr	2.159	2.189

Gruppe IV ab dem 1. Tätigkeitsjahr	2.125	2.155
ab dem 2. Tätigkeitsjahr	2.216	2.247
ab dem 3. Tätigkeitsjahr	2.307	2.339
ab dem 4. Tätigkeitsjahr	2.411	2.445
ab dem 5. Tätigkeitsjahr	2.515	2.550
Gruppe V ab dem 1. Tätigkeitsjahr	2.716	2.754
ab dem 2. Tätigkeitsjahr	2.845	2.885
ab dem 3. Tätigkeitsjahr	3.020	3.062
Gruppe VI	3.257	3.303

Zusätzlich wurde eine Einmalzahlung in Höhe von insgesamt EUR 50,- für die Monate April bis Dezember 2003 vereinbart, zahlbar bis spätestens 31.12.2003.
Kommt der Arbeitnehmer in eine höhere Tarifgruppe, so erhält er das seinem bisherigen Tarifentgelt folgende höhere Entgelt der neuen Tarifgruppe. Die dem höheren Tarifentgelt entsprechenden Tätigkeitsjahre gelten als zurückgelegt.
Teilzeitbeschäftigte und Aushilfen erhalten für jede Arbeitsstunde 1/163 des entsprechenden Tarifentgelts.

§ 4 Ausbildungsvergütung

	01.04.2003 – 31.12.2003	01.01.2004 – 31.03.2005
	Euro	Euro
Im 1. Ausbildungsjahr	658	667
Im 2. Ausbildungsjahr	706	716
Im 3. Ausbildungsjahr	776	787

Zusätzlich wurde eine Einmalzahlung in Höhe von insgesamt 25,- Euro für die Monate April bis Dezember 2003 vereinbart, zahlbar bis spätestens 31.12.2003.
Wird im Ausbildungsvertrag eine kürzere Ausbildungszeit als drei Jahre vereinbart, so gilt der Zeitraum, um den die Ausbildungszeit verkürzt wird, als bereits zurückgelegt.

§ 5 Geltungsdauer

Der Tarifvertrag tritt zum 1. April 2003 in Kraft. Er hat eine Laufzeit von 24 Monaten und kann mit einer Frist von einem Monat mittels eingeschriebenen Brief gekündigt werden, erstmals zum 31. März 2005.

§ 6 Schlussbestimmungen
1. Die festgelegten Tarifentgelte sind Mindestbeträge, auf die rechtswirksam nicht verzichtet werden kann.
2. Arbeitnehmer und Auszubildende sind berechtigt, auf geldliche Ansprüche aus diesem Entgelttarifvertrag widerruflich insoweit zu verzichten, als sich dieser Verzicht finanziell zu ihren Gunsten auswirkt.

3. Bestehende, für den Arbeitnehmer günstigere Entgeltbedingungen werden durch diesen Tarifvertrag nicht berührt.

Protokollnotiz
Die Tarifvertragsparteien stimmen darin überein, dass die für die einzelnen Tarifgruppen vereinbarten Erhöhungsbeträge jedem Arbeitnehmer zu seinem derzeitigen Effektiventgelt (Tarifentgelt zuzüglich aller übertariflichen Entgeltbestandteile) gezahlt werden sollen.

Arbeitgeberverband der Verlage und Buchhandlungen in Bayern e. V.
Thomas Nitz

ver.di Bayern – Landesfachbereich Handel
Haubert Thiermeyer / Stefan Kraft

ver.di Bayern – Landesfachbereich Medien, Kunst und Industrie
Christa Hasenmaile

ver.di Bayern – Landesleitung
Sepp Rauch

Buchhandlung LeseLust gestoppte Zeiten

Tätigkeiten	Zeit in Sekunden
04.11.2004	
Wareneingang für 30 Kunden Titel	469
Wareneingang für 15 Barsortimentstitel	75
Wareneingang für 15 Direktbestellungen	307
10 Meldenummern eingeben	302
05.11.2004	
Wareneingang für 30 Kunden Titel	430
Wareneingang für 15 Barsortimentstitel	125
Wareneingang für 15 Direktbestellungen	384
10 Meldenummern eingeben	264
06.11.2004	
Wareneingang für 30 Kunden Titel	682
Wareneingang für 15 Barsortimentstitel	272
Wareneingang für 15 Direktbestellungen	295
10 Meldenummern eingeben	272
08.11.2004	
Wareneingang für 30 Kunden Titel	741
Wareneingang für 15 Barsortimentstitel	228
Wareneingang für 15 Direktbestellungen	566
10 Meldenummern eingeben	228
09.11.2004	
Wareneingang für 30 Kunden Titel	424
Wareneingang für 15 Barsortimentstitel	125
Wareneingang für 15 Direktbestellungen	431
10 Meldenummern eingeben	213
10.11.2004	
Wareneingang für 30 Kunden Titel	180
Wareneingang für 15 Barsortimentstitel	205
Wareneingang für 15 Direktbestellungen	346
10 Meldenummern eingeben	402

11.11.2004

Wareneingang für 30 Kunden Titel	461
Wareneingang für 15 Barsortimentstitel	152
Wareneingang für 15 Direktbestellungen	443
10 Meldenummern eingeben	300

12.11.2004

Wareneingang für 30 Kunden Titel	385
Wareneingang für 15 Barsortimentstitel	176
Wareneingang für 15 Direktbestellungen	301
10 Meldenummern eingeben	158

13.11.2004

Wareneingang für 30 Kunden Titel	385
Wareneingang für 15 Barsortimentstitel	135
Wareneingang für 15 Direktbestellungen	533
10 Meldenummern eingeben	135

15.11.2004

Wareneingang für 30 Kunden Titel	317
Wareneingang für 15 Barsortimentstitel	130
Wareneingang für 15 Direktbestellungen	467
10 Meldenummern eingeben	262

Bücher Thurn gestoppte Zeiten

Tätigkeiten	Zeit in Sekunden

14.10.2004

Elektronischen Lieferschein abholen	16
Wareneingang für 30 Kunden Titel	238
Wareneingang für 30 Lager Titel	264
10 Meldenummern eingeben	64

15.10.2004

Elektronischen Lieferschein abholen	17
Wareneingang für 30 Kunden Titel	212
Wareneingang für 30 Lager Titel	168
10 Meldenummern eingeben	48

16.10.2004

Elektronischen Lieferschein abholen	14
Wareneingang für 30 Kunden Titel	225
Wareneingang für 30 Lager Titel	201
10 Meldenummern eingeben	42

18.10.2004

Elektronischen Lieferschein abholen	12
Wareneingang für 30 Kunden Titel	244
Wareneingang für 30 Lager Titel	158
10 Meldenummern eingeben	63

19.10.2004

Elektronischen Lieferschein abholen	13
Wareneingang für 30 Kunden Titel	301
Wareneingang für 30 Lager Titel	181
10 Meldenummern eingeben	77

20.10.2004

Elektronischen Lieferschein abholen	19
Wareneingang für 30 Kunden Titel	234
Wareneingang für 30 Lager Titel	153
10 Meldenummern eingeben	75

21.10.2004

Elektronischen Lieferschein abholen	16
Wareneingang für 30 Kunden Titel	251
Wareneingang für 30 Lager Titel	119
10 Meldenummern eingeben	28

22.10.2004

Elektronischen Lieferschein abholen	18
Wareneingang für 30 Kunden Titel	210
Wareneingang für 30 Lager Titel	208
10 Meldenummern eingeben	38

23.10.2004

Elektronischen Lieferschein abholen	18
Wareneingang für 30 Kunden Titel	193
Wareneingang für 30 Lager Titel	136
10 Meldenummern eingeben	33

25.10.2004

Elektronischen Lieferschein abholen	17
Wareneingang für 30 Kunden Titel	176
Wareneingang für 30 Lager Titel	152
10 Meldenummern eingeben	48

Document 1 (top left)

Libri   Seite 1 von 1   BOO press

VD 26578   München
Leselust Buchhandlung   **CDN-Nr: 742976**   Rudolf-Diesel-Str. 11
Herrmann-Wilden & Kamm GbR   18.11.2004   34123 Kassel
Am Bahnhof 6   Tour: M550
82205 Gilching

Tour: 837

VD Datum	Absender Paket-ID	Ort Sendungsart	Colli	Gewicht
10435	BDK Bücherdienst	51149 Köln		
17.11.04	81787-026578-455016-49-82205			4,20 kg
Summe:			1	4,20 kg
11154	Cornelsen Verlagskontor	33609 Bielefeld		
17.11.04	81787-026578-462874-49-82205			1,16 kg
Summe:			1	1,16 kg
10840	GeraNova Bruckmann Verlagshaus	86899 Landsberg / Lech		
17.11.04	81787-026578-446825-49-82205			5,80 kg
17.11.04	81787-026578-457935-49-82205			0,84 kg
Summe:			2	6,64 kg
12799	Herbig Verlag	33310 Gütersloh		
17.11.04	81787-026578-453069-49-82205			12,15 kg
Summe:			1	12,15 kg
13430	Kiepenheuer u. Witsch GmbH	33310 Gütersloh		
17.11.04	81787-026578-463411-49-82205			2,90 kg
Summe:			1	2,90 kg
16015	VSB Verlagsservice GmbH	38104 Braunschweig		
17.11.04	81787-026578-443959-49-82205			15,35 kg
Summe:			1	15,35 kg
Total Unfrei:			**7**	**42,40 kg**
Total:			**7**	**42,40 kg**

Sendungsarten   Frei - Freisendung   Rem - Remittenden   Pal - Palette   Sperr - Sperrgut   Fil - Filialkuech

Document 2 (top right)

Libri   Seite 1 von 1   BOO press

VD 26578   München
Leselust Buchhandlung   **CDN-Nr: 749176**   Rudolf-Diesel-Str. 11
Herrmann-Wilden & Kamm GbR   20.11.2004   34123 Kassel
Am Bahnhof 6   Tour: M550
82205 Gilching

Tour: 837

VD Datum	Absender Paket-ID	Ort Sendungsart	Colli	Gewicht
11274	Verlagsse. Fischer-Rowohlt-HGV	74572 Blaufelden		
19.11.04	81787-026578-495805-49-82205			12,80 kg
Summe:			1	12,80 kg
Total Unfrei:			**1**	**12,80 kg**
Total:			**1**	**12,80 kg**

Sendungsarten   Frei - Freisendung   Rem - Remittenden   Pal - Palette   Sperr - Sperrgut   Fil - Filialkuech

Document 3 (bottom left)

Libri   Seite 1 von 1   BOO press

VD 26578   München
Leselust Buchhandlung   **CDN-Nr: 746697**   Rudolf-Diesel-Str. 11
Herrmann-Wilden & Kamm GbR   23.11.2004   34123 Kassel
Am Bahnhof 6   Tour: M550
82205 Gilching

Tour: 837

VD Datum	Absender Paket-ID	Ort Sendungsart	Colli	Gewicht
13665	Aufbau Taschenbuch Verlag GmbH	33310 Gütersloh		
22.11.04	81787-026578-522237-49-82205			1,40 kg
Summe:			1	1,40 kg
11377	DTV Deutscher Taschenbuch Vlg.	70565 Stuttgart		
22.11.04	81787-026578-518878-49-82205			0,76 kg
Summe:			1	0,76 kg
13667	Ruetten und Loening GmbH	33310 Gütersloh		
22.11.04	81787-026578-514875-49-82205			13,10 kg
22.11.04	81787-026578-514949-49-82205			7,30 kg
Summe:			2	20,40 kg
Total Unfrei:			**4**	**22,56 kg**
Total:			**4**	**22,56 kg**

Sendungsarten   Frei - Freisendung   Rem - Remittenden   Pal - Palette   Sperr - Sperrgut   Fil - Filialkuech

Document 4 (bottom right)

Libri   Seite 1 von 1   BOO press

VD 26578   München
Leselust Buchhandlung   **CDN-Nr: 749148**   Rudolf-Diesel-Str. 11
Herrmann-Wilden & Kamm GbR   24.11.2004   34123 Kassel
Am Bahnhof 6   Tour: M550
82205 Gilching

Tour: 837

VD Datum	Absender Paket-ID	Ort Sendungsart	Colli	Gewicht
10470	Julius Beltz GmbH & Co. KG	70565 Stuttgart		
23.11.04	81787-026578-532524-49-82205			0,74 kg
Summe:			1	0,74 kg
11274	Verlagsse. Fischer-Rowohlt-HGV	74572 Blaufelden		
23.11.04	81787-026578-525038-49-82205			1,30 kg
23.11.04	81787-026578-528009-49-82205			8,70 kg
Summe:			2	10,00 kg
Total Unfrei:			**3**	**10,74 kg**
Total:			**3**	**10,74 kg**

Sendungsarten   Frei - Freisendung   Rem - Remittenden   Pal - Palette   Sperr - Sperrgut   Fil - Filialkuech

XII

Document 1

BOO press

VD 26578
Leselust Buchhandlung
Herrmann-Wilden & Kamm GbR
Am Bahnhof 6
82205 Gilching

München
CDN-Nr: 749684
25.11.2004
Tour: M550

Rudolf-Diesel-Str. 11
34123 Kassel

Tour: 837

VD Datum	Absender Paket-ID	Ort Sendungsart	Colli	Gewicht
10469	Chr. Belser	33310 Gütersloh		
24.11.04	81787-026578-554958-49-82205			0,35 kg
Summe:			1	0,35 kg
13545	Koch, Neff & Oetinger	70565 Stuttgart		
24.11.04	81787-026578-552386-49-82205			15,30 kg
Summe:			1	15,30 kg
11452	Travel House Media GmbH	70565 Stuttgart		
24.11.04	81787-026578-543389-49-82205			0,80 kg
Summe:			1	0,80 kg
Total Unfrei:			3	16,45 kg
Total:			3	16,45 kg

Sendungsarten Frei - Freisendung Nam - Nachnahme Pal - Palette Sper - Sperrgut Fil - Filialbuch

---

Document 2

BOO press

VD 26578
Leselust Buchhandlung
Herrmann-Wilden & Kamm GbR
Am Bahnhof 6
82205 Gilching

München
CDN-Nr: 751234
26.11.2004
Tour: M550

Rudolf-Diesel-Str. 11
34123 Kassel

Tour: 837

VD Datum	Absender Paket-ID	Ort Sendungsart	Colli	Gewicht
11154	Cornelsen Verlagskontor	33609 Bielefeld		
25.11.04	81787-026578-568472-49-82205			3,45 kg
Summe:			1	3,45 kg
11377	DTV Deutscher Taschenbuch Vlg.	70565 Stuttgart		
25.11.04	81787-026578-577966-49-82205			9,10 kg
Summe:			1	9,10 kg
12772	Primus Verlag GmbH	70565 Stuttgart		
25.11.04	81787-026578-565768-49-82205			0,46 kg
Summe:			1	0,46 kg
Total Unfrei:			3	13,01 kg
Total:			3	13,01 kg

Sendungsarten Frei - Freisendung Nam - Nachnahme Pal - Palette Sper - Sperrgut Fil - Filialbuch

---

Document 3

BOO press

VD 26578
Leselust Buchhandlung
Herrmann-Wilden & Kamm GbR
Am Bahnhof 6
82205 Gilching

München
CDN-Nr: 752581
27.11.2004
Tour: M550

Rudolf-Diesel-Str. 11
34123 Kassel

Tour: 837

VD Datum	Absender Paket-ID	Ort Sendungsart	Colli	Gewicht
16329	Suhrkamp Verlag KG.	70565 Stuttgart		
25.11.04	81787-026578-590943-49-82205			1,35 kg
26.11.04	81787-026578-594666-49-82205			3,00 kg
Summe:			2	4,35 kg
12340	Wilhelm Goldmann GmbH	33310 Gütersloh		
26.11.04	81787-026578-597498-49-82205			2,00 kg
Summe:			1	2,00 kg
Total Unfrei:			3	6,35 kg
Total:			3	6,35 kg

Sendungsarten Frei - Freisendung Nam - Nachnahme Pal - Palette Sper - Sperrgut Fil - Filialbuch

---

Document 4

BOO press

VD 26578
Leselust Buchhandlung
Herrmann-Wilden & Kamm GbR
Am Bahnhof 6
82205 Gilching

München
CDN-Nr: 755582
01.12.2004
Tour: M550

Rudolf-Diesel-Str. 11
34123 Kassel

Tour: 837

VD Datum	Absender Paket-ID	Ort Sendungsart	Colli	Gewicht
11377	DTV Deutscher Taschenbuch Vlg.	70565 Stuttgart		
30.11.04	81787-026578-634302-49-82205			11,15 kg
Summe:			1	11,15 kg
10470	Julius Beltz GmbH & Co. KG	70565 Stuttgart		
30.11.04	81787-026578-628366-49-82205			3,40 kg
Summe:			1	3,40 kg
Total Unfrei:			2	14,55 kg
Total:			2	14,55 kg

Sendungsarten Frei - Freisendung Nam - Nachnahme Pal - Palette Sper - Sperrgut Fil - Filialbuch

XIII

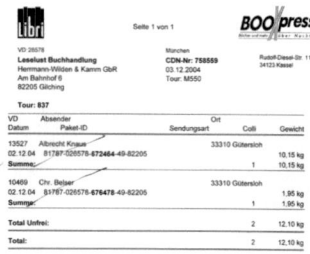

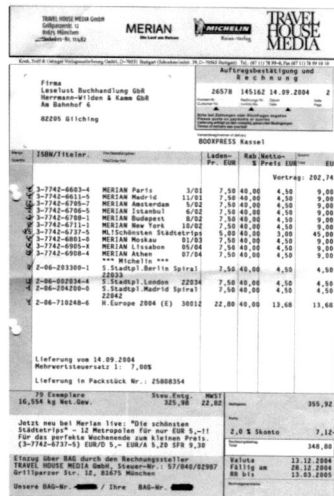

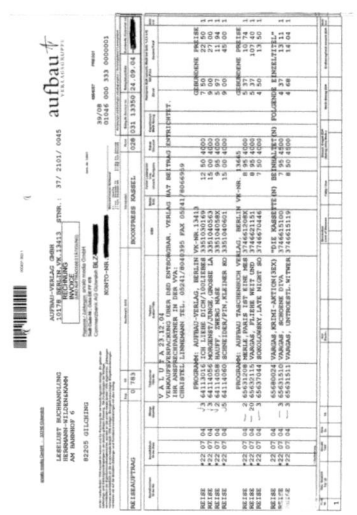

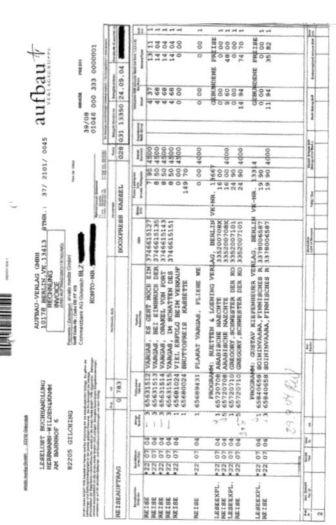

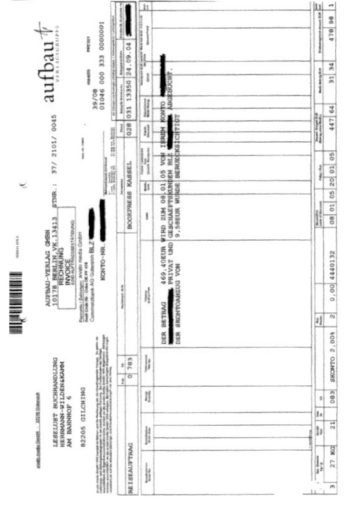

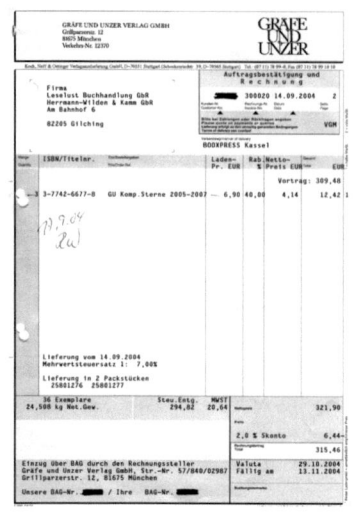

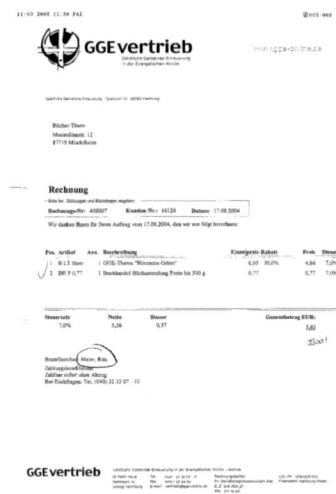

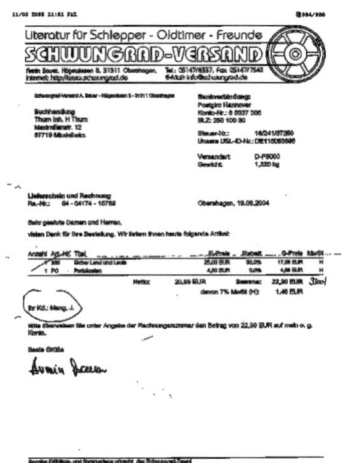

Vortrag von Lorenz Borsche am 18.02.2005 in Dresden beim Arbeitskreis kleiner Verleger über die eBuch und Anabel (siehe auch Powerpoint-Präsentation zum download unter http://www.borsche.de/2015.ppt)

Der folgende Vortrag bietet einen kurzen Überblick über die Inhalte und Ziele von eBuch und Anabel: Die eBuch ist eine Genossenschaft von unabhängigen Sortimentsbuchhändlern. Gegründet worden ist die eBuch aus einer Zwangslage heraus, nämlich im Zusammenhang mit der Diskussion um die Preisbindung, genauer gesagt, um den Fall der Preisbindung, der befürchtet wurde. Denn eins war uns allen klar: Wenn die Preisbindung fällt, sterben ca. 30% aller kleinen Buchhandlungen. Dies hat sich in allen Ländern gezeigt, in denen die Preisbindung gefallen ist: Dort sind zunächst einmal ein Drittel aller Buchhandlungen durch den Preiskampf Konkurs gegangen, danach haben die Übrigen die Preise wieder angehoben und dort sind Bücher heute teurer als vorher. Das ist bis dahin immer so gelaufen und das wollten wir auf keinen Fall auch erleben.

Im Mai 2000 mit 15 Buchhandlungen gegründet, hat die eBuch mittlerweile 250 Mitglieder und einen Außenumsatz von weit über 150 Mio. Euro. Das wesentliche Ziel dieser Genossenschaft war zunächst einmal ein dauerhafter Informationsaustausch. Was wir hier dieses Wochenende tun, macht die eBuch das ganze Jahr über, Tag für Tag. Was heißt dies konkret? Das bedeutet, dass im eMail-Verteiler dieser 250 Buchhandlungen jeden Tag eine Mail zu finden ist wie zum Beispiel die Folgende: Da schreibt eine Buchhändlerin, eine Kundin suche ein Buch, „das außen rot ist und wo innen ein Pferd abgebildet" sei. Wer kann mit diesen Angaben etwas anfangen?

Sie können sich nicht vorstellen, wie viel 250 Buchhändler wissen. Während der eine antwortet, er kenne den Titel des Buches, schreibt der andere: „Ich habe noch eins davon". Denn vor allen Dingen haben 250 Buchhandlungen ein unglaublich großes Lager, zum Teil mit Büchern, die längst nicht mehr beim Barsortiment zu haben sind, die aber auch bei Ihnen (Verlage) nicht zu bekommen sind, weil Sie sie schon längst verkauft haben. Ein wichtiger Service der eBuch besteht demnach darin, Titel zu liefern, die es eigentlich schon gar nicht mehr gibt und von denen auch niemand weiß, ob und wo es noch Exemplare gibt. Dies ist ein ganz wichtiger Punkt: Dadurch, dass die eBuch-Genossenschaft täglich die Daten der Mitgliedsbuchhandlungen, die natürlich Warenwirtschaft haben, abzieht – dies ist Zugangsvoraussetzung –, wissen wir immer genau, wer wie viel von welchen Büchern noch vorrätig hat und können diese gegebenenfalls sofort liefern. Das ist der gemeinsame Datenpool.

Und natürlich entstand somit die Idee, gemeinsam zu wirtschaften. Wir bauen eine gemeinsame Struktur auf mit einem gemeinsamen Datenpool, um diese Informationen zu nutzen, um dann – was Thalia und Hugendubel eh schon längst tun – zu irgendeinem Verlag zu gehen und zu sagen: „Wir kaufen eine ganze Palette". Dafür hätten wir gerne einen entsprechenden Rabatt. Darum ging es uns: sich einerseits auf dieselbe Augenhöhe zu begeben mit denen, die uns da draußen in den Städten oft so viel Ärger machen, und andererseits natürlich den unabhängigen, mittelständischen Sortimentsbuchhandel wirtschaftlich zu stabilisieren, auch angesichts der drohenden Gefahr, dass die Preisbindung fällt.

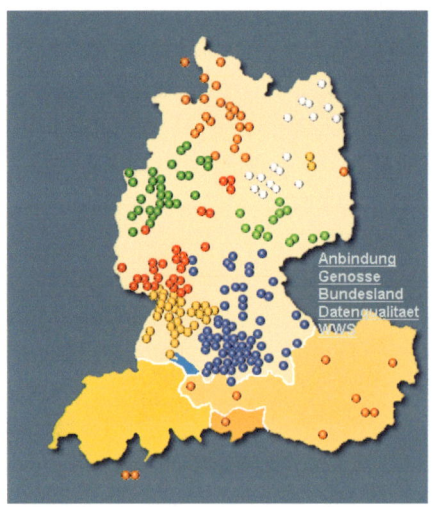

Diese vorliegende Karte ist schon ein wenig älter, ich mag den Screenshot nicht ständig erneuern: Hier sieht man, wie sich das verteilt. Wir können die Karte auch auflösen nach verwendeten Warenwirtschaftssystemen, nach Fachbuchbereichen, etc. So ungefähr sieht es bei uns in der eBuch aus.

ebuch-Mitglieder gibt es in ganz Deutschland bis nach Föhr rauf, aber auch auf Mallorca und in Meran. Überall, wo deutschsprachige Bücher verkauft werden, gibt es auch eBuch-Mitglieder.

Jetzt aber zum eigentlichen Thema: Warum sollte der mittelständische Buchhandel eigentlich gestärkt werden? Ist es überhaupt sinnvoll, wenn es an jeder Ecke eine Buchhandlung gibt, so wie es früher an jeder Ecke eine individuelle Drogerie gab? Heute gibt es nur noch den Schlecker, die Drogeriemärkte Rossmann und im Süden die DM-Märkte, die miteinander konkurrieren. Reicht es nicht, wenn es auch im Buchhandel nur einige wenige große Ketten gibt?

Unserer Meinung nach reicht das nicht aus. Warum? Weil es einen riesigen Unterschied macht, ob 50 Filialleiter einer Kette den Frühjahrseinkauf beschließen und dann in allen Läden die gleichen Stapel liegen oder ob sie 50 Sortimentsbuchhändler haben, die mit Hilfe der Verlagsvorschauen oder zusammen mit dem Verlagsvertreter überlegen, was sie in ihr Sortiment – da kommt ja der Name her – hineinnehmen wollen. Das ergibt ein völlig anderes Bild. Das kann ich Ihnen beweisen.

Wir haben von Anfang an – das ist die Stärke unserer Genossenschaft und damit haben wir die Genossenschaft auch finanziert – gesagt, bei uns kostet die Mitgliedschaft nichts, Sie müssen uns nur jeden Abend ihre Daten liefern, die wir analysieren und einem Datenverwerter, nämlich der Media Control, dann zur Verfügung stellen. Die wiederum vermischen die Daten mit denen von Kaufhäusern oder Ketten und erstellen so ein realistisches Wirtschaftsbild des deutschen Buchhandels. Jeder Verlag kann auf diese Daten zugreifen, wenn er sie entsprechend bezahlt. Große Verlage tun dies sowieso schon, bei ganz kleinen Verlagen lohnt sich das weniger, bei mittleren muss man sich darüber unterhalten. Es ist einfach ein Wirtschaftsinstrument, jede Branche kennt das: Marktbeobachtung muss man einfach haben. Dafür gibt es Geld, so finanzieren wir die Genossenschaft.

Und natürlich haben wir die Daten auch im eigenen Haus. Und da stellt man dann ganz spannende Sachen fest: Darüber möchte ich Ihnen jetzt etwas genauer erzählen, damit Sie einen Einblick in unsere Denkweise bekommen. Wir haben im Jahr 2002 mal 50 mittelständische Sortimentsbuchhandlungen mit einem Außenumsatz von 25 bis 28 Mio. € ein Jahr lang betrachtet. Und wir wollten nur solche haben, die ihre Daten jeden Tag pünktlich abgegeben haben. Es geht also um hochpräzise Daten quer durch ganz Deutschland. Was kann man an diesen Daten ablesen? Schauen Sie mal ganz oben die Eins, 46.921. Was heißt das? Das heißt: Es gibt 46.921 unterschiedliche Bücher, die in diesen 50.000 Buchhandlungen nur ein einziges Mal im Jahr 2002 verkauft wurden, also in irgendeiner dieser Buchhandlungen, nicht in jeder, nur in einer! Fast 50.000 Bücher, von denen genau eins verkauft worden ist! Dann gibt es in der Zweiergruppe 44.000 Bücher, in der Dreiergruppe, also Buchhandlung 13, 19 und 35 haben irgendein Buch jeder ein Mal verkauft, insgesamt 38.000 Exemplare, also knapp 13.000 verschieden Titel. Wahnsinn! 90.000 verschiedene Bücher sind – nur in diesen 50 Buchhandlungen – weniger als fünf Mal in einem Jahr verkauft worden. **Das ist kulturelle Vielfalt!** Insgesamt sind in diesen 50 Buchhandlungen 151.000 Bücher verkauft worden, und am besten verkaufte sich der Herr Pease und seine Frau mit 8500 Stück. Nicht schlecht. Und dann schauen Sie mal auf den Plätzen 4, 5, 6, 9 und 12: PIXI-Bücher! **Das Fazit dieser Statistik: 150.000 Einzeltitel per annum, das ist kulturelle Vielfalt.**

Wir haben diese Statistik erstellt, weil wir wissen wollten, wenn wir ein Zentrallager aufziehen (das war, wie gesagt, im Jahr 2002), geht das wirtschaftlich überhaupt und mit welchem Auslastungsgrad können wir rechnen? Wenn man solche Zahlen hat, überlegt man sich das natürlich vorher. Ein Unternehmer sagt da vielleicht einfach: „Ich mach jetzt mal". Eine Genossenschaft ist da nicht so frei in ihrer Entscheidung, sie muss das wirtschaftlich schon begründen können. Wir haben also untersucht: Was kann man mit 2000 Titeln in unserer Genossenschaft bewegen, wenn die Titelbandbreite insgesamt 150.000, 180.000 oder 200.000 ist?

In der Tat würde sich nichts ändern, wenn wir doppelt so groß wären. Sie können mit 2000 Titeln, wenn jeder Buchhändler seine Eigenständigkeit behält, ein

Zentrallager mit 20 bis 25% auslasten. 25% vom Umsatz in den Buchhandlungen kann ein Zentrallager mit 2000 bis 2200 Titeln übernehmen, aber nicht mehr. Wir haben Vergleiche zu Kettendaten, eine Buchhandelskette etwa in unserer Größe, die mit ihrem Zentrallager mit 2000 Titeln etwa 33% des Umsatzes machen. Da steckt eine Botschaft drin. Und diese Botschaft kann uns nicht gefallen. Sie heißt natürlich: Das ist immer ein Nullsummenspiel. Wenn ich den einen Titel verkaufe, kann ich den anderen nicht verkaufen. Wenn ich mit 2000 Titeln 33% meines Umsatzes mache, während ein anderer, vergleichbarer Verein nur 22% seines Umsatzes damit macht, dann gehen die 11% Umsatz zu Lasten der anderen 180.000 Titel, die ich sonst verkaufen würde, das ist völlig klar. Das heißt für uns, das, was wir immer vermutet hatten, und weshalb wir eigentlich auch gestartet sind, **die kulturelle Vielfalt leidet,** wenn ich anfange, solche Betriebsprozesse zu optimieren und zu stratifizieren, wie das eben große Buchhandelsketten tun.

Nun ist es auf der anderen Seite so, dass diese Ketten einen wirtschaftlichen Druck ausüben auf den mittelständischen Sortimentsbuchhandel, dem dieser sich so einfach nicht widersetzen kann. Man muss irgendetwas tun, um sich wirtschaftlich aufzustellen.

Dazu gibt es mehrere Konzepte, nicht nur eins:

- Das eine habe ich bereits erwähnt, den Kettenladen – mein persönliches Feindbild –, stellt sich wirtschaftlich gut auf mit Zentrallager und dem Mainstream entsprechenden Titeleinkauf. Dies ist eine Organisationsform, um ein Buchhandelgeschäft besser zu stellen.
- Es gibt außerdem das Konzept der Partnerverlage. Ich bevorzuge Verlage, die ein ähnliches Programm haben, also zum Beispiel bevorzuge ich den Verlag mit den grünen Ratgebern und nicht den mit den roten oder so etwas. Ich bevorzuge also zum Beispiel Partnerverlage in meiner Buchhandlung und kann dadurch mehr Umsatz machen. Die Verlage honorieren mir das mit besseren Einkaufskonditionen, wodurch ich wiederum wirtschaftlich besser dastehe. Ich kann damit intern in meiner Buchhandlung Prozesse optimieren. Es ist beispielsweise einfacher, eine Rechnung zu bearbeiten als zwei. Ein solches Modell führt aber nicht zur Vielfalt, sondern natürlich auch zu

einer gewissen Verengung des Sortiments. Stellen Sie sich vor, Sie hätten jetzt nur noch dtv und nicht mehr Fischer. Dies wäre eine unzulässige Verengung der kulturellen Vielfalt.

• Und es gibt seit einiger Zeit die Idee, dass der Großhändler Ihnen, den Buchhändlern, vorgefertigte Warengruppen ins Regal schiebt. Also so nach dem Motto: Ich bin ein allgemeiner Sortimenter und muss auch den Bereich Esoterik bedienen können. Ich habe auch ein Regal dafür, weiß aber nicht, was ich reinstellen soll. Dann sag ich: „Lieber Großhändler, schick mir doch bitte eine Wanne mit Esoterik". Das tut der auch, das tut er sogar gerne. Der macht da ein gewisses Rackjobbing. Der Großhändler kann dem Buchhändler natürlich nicht irgendetwas völlig Exotisches ins Regal stellen. Also geht er nach der Bestsellerliste, die er von uns bekommt und bestückt die Wanne mit Literatur, die sich angeblich – laut Liste – am besten quer durch Deutschland verkaufen lässt und fördert damit natürlich wiederum eine Verengung des Angebots.

Wir setzen nun unser Modell dagegen: Wir wollen all das, was die anderen tun, wirtschaftlich auch haben, allerdings nicht mit dieser einhergehenden kulturellen Verarmung.

Wie bereits erwähnt führt das Übergewicht des Zentrallagers bei Ketten zu einer Konzentration auf die Mainstream-Titel. Partnerverlage können zu einer Verengung führen, je nachdem, wie man das steuert, und die Warengruppenbestückung tut dies ganz bestimmt, weil sie gar nicht anders kann.

Anabel arbeitet, was das angeht, vollständig anders. Wir haben, um es kurz zu sagen, ein Zentrallager mit einem Großhändler-Backup. Und nur was nicht in unserem Zentrallager liegt und was auch der Großhändler nicht hat, das sind ca. 6% vom Umsatz, das wird wie bislang auch, beim kleinen Verlag direkt bestellt. Das heißt: Der Anabel-Buchhändler bestellt bei uns 19 von 20 Büchern direkt, ohne Ansehen des Verlages, der Konditionen, des Bestellweges; er bestellt einfach, was er haben will, bei uns. Und wir liefern es ihm. Er weiß nicht, ob dieser Titel bei uns im Zentrallager liegt, er weiß nicht, ob wir ihn jemals eingekauft haben, ob wir ihn gerade nicht eingekauft haben oder ob wir ihn stapelweise herumliegen haben und ihn loswerden wollen. Er weiß gar nichts. Es interessiert ihn auch nicht. Er kauft ihn einfach ein. Wenn wir den Titel nicht haben, was bei der Titelbreite durchaus sein kann, dann kaufen wir ihn beim Großhändler ein, und zwar im Sekundentakt. Dies wiederum ist erst möglich, seit es das Logistikzentrum in Bad Hersfeld gibt mit der mandantenfähigen EDV, die die riesige Wannenanlage steuert, wo in einer Wanne meine Ware, also die Anabel-Ware, zusammen mit der Ware, die dem Großhändler gehört und die Ware von Mandanten herumfährt.

Da liegen in einer Wanne 50 Stück, davon gehören drei Exemplare mir, 40 dem Großhändler und fünf einem anderen Zentrallager-Mandanten, völlig egal, die Wanne fährt dahin, wo das Buch gebraucht wird, das dann ausgebucht wird. Die Elektronik sorgt dafür, dass jeder richtig abgebucht wird. Also: Eine Wanne, eine Sorte Bücher, und die gehören drei, fünf oder sieben verschiedenen Mandanten. Nur dieses System erlaubt es, wenn wir zufälligerweise ein Buch nicht in der entsprechenden Wanne haben, beim Großhändler anzuklopfen und dieses Buch zu bestellen. Oder auch bei einem anderen Mandanten. Das wird dann elektronisch umgebucht und plötzlich gehören zwei Stück in der Wanne uns. Dann können wir sie an unsere Genossen verkaufen. Der Genosse kauft bei uns ein, und was wir nicht haben, kaufen wir „ratzfatz" beim Großhändler ein. Dies ist in wesentlichen Zügen unser Konzept.

Gleichzeitig haben wir uns gesagt, wenn wir den Bestellweg für den Buchhändler vereinfachen, damit er wirklich die völlige Freiheit hat zu sagen: „Ich nehm jetzt diesen Titel", dann machen wir es auch so, dass dieser wahnsinnige Wildwuchs, der da draußen im Konditionendschungel herrscht, dass der gleichzeitig auf zwei oder drei Pfade zusammen-geschnitten wird. Und genau so ist es: Es gibt, wenn Sie so wollen, zwei oder drei Standardrabatte für den Genossen bei der eBuch. Aber in Wirklichkeit denkt er nicht mal darüber nach, er bestellt einfach. Er überlegt lediglich, wie viele Exemplare er bestellt. Dies ist das einzige Entscheidungskriterium, das er noch zu bedenken hat. Ansonsten kann da jeder Lehrling bestellen. Völlig egal, das Buch will ich haben. Das Buch ist morgen da. Es gibt keinerlei Warendruck mehr in dem Sinne, dass man eine Mindestbestellmenge vollmachen muss.

Man muss auch nicht mehr über das Porto nachdenken. Ich hatte gestern Abend ein hochinteressantes Gespräch über das Porto, wo der arme Verleger zwei kleine Päckchen mit je einem Buch schickt, damit das Porto eineinhalb Euro billiger wird als wenn er die Bücher in ein Päckchen steckt, weil er sonst vom Großhändler eins auf die Nase kriegt. Was das für ein Verwaltungsaufwand ist, wegen einem Euro und fünfzig Cents – unglaublich! In einem Päckchen fehlt dann der Lieferschein, in dem anderen die Rechnung ...Wunderbar! Aber dazu kommen wir noch später.

Also: All diese schrecklichen Hemmnisse für den Buchhändler, die ihm sein Tagesgeschäft erschweren, fallen weg. Kein Gedanke mehr daran, ob man bei dem und dem Verlag nun 150 € Netto oder Brutto Mindestbestellwert hat, ob man nun 20 verschiedene oder gleiche Exemplare bestellen muss, ob man mit Taschenbüchern mischen darf, etc. Sie glauben ja gar nicht, wenn Sie nicht selbst mal in einer Buchhandlung gearbeitet haben, was allein die Bestellerei für ein Wahnsinn ist. Mir hat mal eine Vertriebsleiterin eines namhaften Verlags gesagt, das gehöre doch zum Beruf eines Buchhändlers. Sie erwarte, dass der Buchhändler ihre Spezialkonditionen im Kopf habe. Na, ganz wunderbar! Da konnte ich nur sagen: „Gnädige Frau, Ihr Verlag hat einen Umsatzanteil von 0,8%. Rechnen Sie sich mal aus, wie viele Verlage es noch außer Ihrem gibt. Das soll der Buchhändler alles im Kopf haben und dann auch noch nebenbei seine Kunden beraten. Ich behaupte, es ist viel wichtiger, wenn der Buchhändler weiß, wann die Kinder seiner Kunden Geburtstag haben. Das ist 10x wichtiger. Damit verkauft er wesentlich mehr Bücher, als wenn er weiß, ob der Verlag 0,7% Bonus gibt, wenn der 1. April auf einen Freitag fällt.

Wir wollen möglichst viel Ware verkaufen, und dazu ist es nötig, dass diese möglichst einfach in den Laden kommt. Ganz wichtig: Der Sortimenter bleibt völlig souverän in seiner Entscheidung. Es gibt bei uns keinen Zentrallagertiteldruck. Wir sagen unseren Buchhändlern nicht: „Leute, wir haben gerade eine Palette von dem oder dem Buch eingekauft. Seht mal zu, dass die wegkommt!" Das gibt es nicht bei uns. Die kaufen auch nicht zusammen ein, sondern jeder kauft nach wie vor für sich. Wie gehabt. Und unsere Statistik und Logistik sorgt dafür, dass er optimal bedient wird, ohne, dass wir da Einfluss nehmen müssen. Souverän in seiner Entscheidung zu sein bedeutet gleichermaßen, dass es keine finanziellen Lockangebote gibt.

Die Über-Nacht-Lieferung hat einen ungeahnten Effekt, wie wir jetzt erst wissen und den niemand vorher ahnen konnte. Die Buchhändler erklären uns, dass sie die Backlist erheblich aktueller halten können, weil sie nicht mehr warten müssen, bis sie vom Verlag die Mindestbestellmenge zusammenhaben und eher wieder ihr Lieblingstitel dabei ist. Sondern: Der Lieblingstitel geht heute aus, morgen ist er wieder da – und nicht erst in 14 Tagen, wenn ich mein Paketchen voll habe. Die Pflege der Backliste und des Sortiments, d. h. dessen, was der Buchhändler wirklich gerne verkauft, ist unvergleichlich besser geworden.

Die Handelsspanne hat sich – und das war so von uns nicht vorauszusehen – so verbessert, dass wir jetzt sagen können: Wir liegen auf dem Niveau von Buchhandelsketten. Wenn Sie sich den Kölner Betriebsvergleich anschauen, dann ist man mit einem Rohgewinn von 31% schon keine kleine Buchhandlung mehr. Am Anfang hatten wir gesagt, wir können den Gewinn um vielleicht einen, anderthalb oder sogar um zwei Prozent anheben. Wir bekommen jetzt die ersten BWA-Zahlen. Die Wahrheit ist: Buchhandlungen, die vorher einen Gewinn von 30% hatten, liegen jetzt bei 34%. Dies sind 4% vom Umsatz, die jetzt cash auf dem Tisch liegen und gegen die keine anderen Kosten stehen.

Unser Hauptziel ist es immer gewesen, dem Buchhändler ökonomische Freiheiten zu schaffen, damit er die kulturelle Vielfalt erhalten kann: keine verlagsgebundenen Mindestbestellwerte, die Transportkosten und Portogebühren sinken drastisch auf fast ein Drittel. Es gibt Buchhändler, die uns anrufen und sagen, früher haben wir bei Hera 600 Euro Porto bezahlt, jetzt zahlen wir nur noch 200 Euro, und das bei demselben Warenfluss.

Das Lager verschlankt sich drastisch, weil die Bestellzeiten so kurz sind und auch die Lagerdrehzahlen viel kürzer sind, und der Kunde wird außerdem noch besser bedient als vorher. Damit verbessere ich natürlich auch gegenüber der Bank meine Position. Es sieht einfach auf dem Konto inzwischen wesentlich besser aus bei den Leuten.

Wir haben Lagerdrehzahlen von acht und mehr, wir haben Inventurbestände jetzt zum Jahreswechsel gehabt von 12, 11, 9, ja zum Teil 8% vom Bruttoverkaufswert.

Nicht abgewertet, sondern brutto! Das bedeutet de facto: abverkauftes Lager, es kann neue Ware reingenommen werden, sobald ich ein Buch bestellt habe, ist es auch schon wieder verkauft und liegt nicht ewig lang im Lager. Im Wareneingang allein spart eine durchschnittlich große Buchhandlung 600 bis 700 Euro Lohnkosten monatlich.

Eine Diplomarbeit, die im März 2005 zu diesem Thema erscheint, beschreibt dies sehr eindrucksvoll und untermauert unsere Thesen. Für zehn Kisten „Anabel-Wannen" hat man den Wareneingang in einer Stunde gemacht. Für dieselbe Menge, verteilt, drei Kisten Barsortiment und zwei Drittel der Ware Verlagsware mit Aufreißen, Rechnungskontrolle, etc. brauche ich drei bis vier Stunden. Das addiert sich alles zusammen zu: Bargeld.

Eine weitere Kostensenkung findet man in der Buchhaltung. Ein Buchhändler hat durchschnittlich in einem Jahr 4000 Rechnungen zu bearbeiten, d. h. jeden Tag 10 bis 15. Wir schicken ihm drei Mal im Monat eine Rechnung, und die schaut er vielleicht nicht mal an.

Ein weiterer Punkt, der bei Buchhändlern für Unmut sorgt und sich auch auf der Rechnung bemerkbar macht, sind die Remissionskosten. Wenn ich Buchhändler wäre und von einem Verlag ein beschädigtes oder falsches Buch für zehn Euro VK zugeschickt bekäme, würde ich ein Feuerzeug dranhalten und es vergessen. Sie können es nicht bezahlen. Sie müssen es neu verpacken, mit Porto versehen, adressieren, einen Remissionsgrund angeben und zur Post tragen. Allein schon es zur Post zu bringen ist teurer als das Buch selbst. Es ist wirtschaftlich gesehen völliger Unfug, ein Buch von 10 bis 15 Euro zu remittieren beim Verlag. Beim Großhändler hingegen ist das etwas anderes: Buch in die Kiste, Remissionsschein hinzulegen und fertig. Es wird am nächsten Morgen abgeholt – so funktioniert es. Man mag es gar nicht glauben, aber Remissionen verursachen wahrscheinlich von einem einen halben bis einen Prozent vom Rohgewinn, wenn's reicht...

Was sind die Auswirkungen von Anabel auf den Buchhandel? Unser „Top-Anabelist" hatte im Jahr 2003 einen Rohertrag von 31% und liegt zur Zeit bei fast 35%.

Seitdem er Anabel macht. Wie gesagt, haben wir die BWA seit ein paar Tagen auf dem Tisch. Und er hat 9% Umsatzplus gemacht im Jahr 2004. Wenn Sie wissen, was 2004 los war im Buchhandel, dann wissen Sie, was das bedeutet. Dieses Jahr war sehr bescheiden, um es vorsichtig auszudrücken. Im allgemeinen Sortiment besonders bescheiden. Der Branchenmonitor steht, glaube ich, auf +1,5 im Jahr 2004, aber dazu muss man wissen, dieser Wert betrifft vor allem Ketten, Internet, etc. Im allgemeinen Sortimentsbuchhandel ist es schlecht gegangen. Da sind 9% Umsatzplus einfach sensationell, vor allem, wenn man bedenkt, dass er keine zusätzlichen Kosten hatte, keine höhere Miete zahlen musste oder sonst etwas, sondern er hat sein Personal einfach vom Büro in den Verkaufsraum verlagert. Drei von den neun Prozent gehören dem Inhaber, ohne zusätzliche Kosten. **Und die Buchhaltungskosten sind mal eben um 4000 Euro gesunken, weil man eben nicht mehr 4000 Rechnungen bearbeiten muss.**

Aus diesen Gründen behaupten wir, dass wir mit unserem Modell **die Hüter der kulturellen Vielfalt** sind. Und wir können es auch beweisen. Wir haben unsere eBuchhändler untersucht nach Titelanzahl und Menge. Im vierten Quartal 2004 hat die Gesamtheit der eBuchhändler ein Mengenminus von über 5% gegenüber 2003 hinnehmen müssen, während die Anabelisten bei der Menge um 1,1% zugelegt haben. Bei der Titelvielfalt hat der eBuchhändler ebenfalls ein Minus, nämlich 0,8%, hinnehmen müssen. Die Anabelisten haben in diesem Bereich noch mehr zugelegt als bei der Menge, nämlich um 1,6%. Dies bedeutet, dass der Anabelist mehr unterschiedliche Bücher verkauft hat. Im Klartext: **Mit unserem Konzept gelingt es, die kulturelle Vielfalt zu bewahren und gleichzeitig den Buchhändler wirtschaftlich so zu stärken, dass er auch morgen noch überleben kann.**

Wie ist das zu schaffen? Die Bücher, die Sie auf dieser Grafik hier unten sehen, das sind Sie, die großen, kleinen und mittleren Verlage. Was Sie rechts außen sehen, das sind Ihre Verlagsauslieferungen, die Dienstleister – das könnten Sie auch selber sein – die die Bücher dahin transportieren, wohin sie sollen, nämlich zum Großhändler (auf der Grafik der Bücherstapel links) oder auch direkt in die Buchhandlung (auf der Grafik die Bücherregale oben). Sie sehen viele verwirrende Linien, die die Beziehungen der Marktteilnehmer zueinander widerspiegeln. Jede Linie entspricht nicht nur einem Warenfluss, sondern auch einem Rechnungs- und Geldfluss. Das gehört ja dazu. Wie soll es unserer Meinung nach 2015 aussehen? Wir haben unten dieselbe Menge von kleinen, mittleren und großen Verlagen, und wir haben natürlich noch die Verlagsauslieferungen, die die Bücher „physisch" transportieren.

Und dann haben wir etwas, was wir im Vorfeld mal „**Büchersterne**" nennen wollen. Heute würden Sie sagen „Logistikzentrum Bad Hersfeld", morgen gibt es ein Logistikzentrum Stuttgart und übermorgen ein Logistikzentrum in Hagen und Bietigheim. Ich nenne sie jetzt einfach mal „**Büchersterne**". Davon haben wir bestimmt nicht nur einen, sondern eine Handvoll, und das ist auch gut so. Monopolisten sind für den Markt nie gut, weder für sich selbst noch für den Markt. Für den Markt nicht, weil sie zu hohe Preise nehmen und für sich selbst nicht, weil sie anfangen, träge und schlecht zu werden. Deshalb brauchen wir drei oder besser noch fünf solcher zentraler Bücherverteilstellen. Und die sollen unserer Ansicht nach das ganze Spektrum abdecken, also möglichst viel noch von dem, was Sie (die kleinen Verlage) nicht an die Barsortimente losgeworden sind und selbst noch lagern und selbst an die Buchhandlungen verschicken müssen. Denn das ist teuer, das ist ineffizient und es kostet Zeit.

Von diesen Verteilungsstellen – und nicht mehr von Dutzenden von unterschiedlichen Lieferanten – sollen alle Buchhandlungen beliefert werden, manche werden von zwei Büchersternen beliefert werden, manche nur von einem. Da das Warenspektrum der Büchersterne sehr groß sein wird, genügt für eine kleine Buchhandlung wirklich nur einer. Unter Umständen gibt es zwischen den Büchersternen auch mal eine Querlieferung für Einzelexemplare. Aber all das wird dazu führen – und im Vergleich zum vorherigen Bild sehen Sie viel weniger Querlinien – dass das, was den Kunden und Sie eigentlich auch nicht wirklich interessiert, nämlich die ganze Dschungel-Logistik, so stark wie möglich vereinfacht und stratifiziert wird. Und damit Geld einspart. Das alles führt dann hoffentlich dazu, dass alle Buchhändler das sagen, was mir Hans Lang aus Freyung, einer meiner Lieblingsbuchhändler, neulich schrieb:

XXVIII

„Und die Verlage, die gute Bücher machen,
werden glücklich sein mit uns
denn wir werden uns
für ihre Bücher engagieren wie nie zuvor,
weil wir endlich Zeit für Inhalte haben.
Und uns allen hat es noch nie so viel Spaß gemacht
Bücher ein- und zu verkaufen wie jetzt".

Vielen Dank für Ihre Aufmerksamkeit!